PFANNENGERICHTE

Hinweise

Die Backofentemperaturen in diesem Buch beziehen sich auf einen Elektroherd mit Ober- und Unterhitze. Falls Sie mit Umluft arbeiten, reduziert sich die Temperatur um 20 °C.

Wenn in der Zutatenliste „Pfeffer" genannt wird, so wird darunter stets frisch gemahlener schwarzer Pfeffer aus der Mühle verstanden. Alle anderen Pfeffersorten werden explizit genannt.

Abkürzungen

ca. = zirka
cl = Zentiliter
cm = Zentimeter
El = Esslöffel
g = Gramm
kcal = Kilokalorien
kg = Kilogramm
kJ = Kilojoule
l = Liter
ml = Milliliter
TK = Tiefkühlprodukt
Tl = Teelöffel

Bildnachweis

Rezeptfotos

Studio Klaus Arras unter Mitarbeit von Katja Briol: S. 17, 22, 25, 60, 75, 95, 96, 99, 109, 126
Lutz Jäkel: S. 83
Kay Johannsen: S. 46,
Rafael Pranschke, Lukas Kotremba: S. 49
Alle übrigen Rezeptfotos: TLC Fotostudio

Illustrationen

Igor Divis: Milchflasche, Ei, Butter
Fotolia.com: © Alexkava (Kräuter, Frühlingszwiebel, Ingwer), © cat_arch_angel (Garnele), © glite (Himbeere), © grey_ant (restl. Obst und Gemüse), © LenLis (Knoblauch, Pilz), © orfeev (Fisch), © slybrowney (Fleisch, Geflügel), © sunsinger (Pasta)

PFANNEN-
GERICHTE

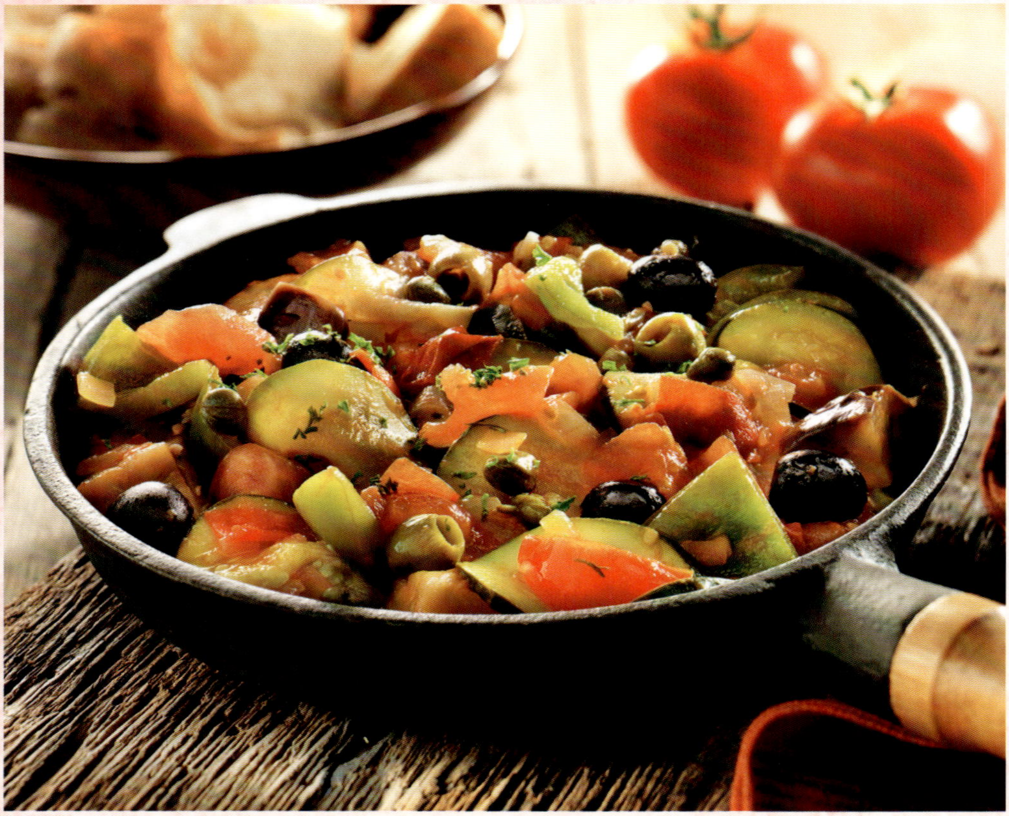
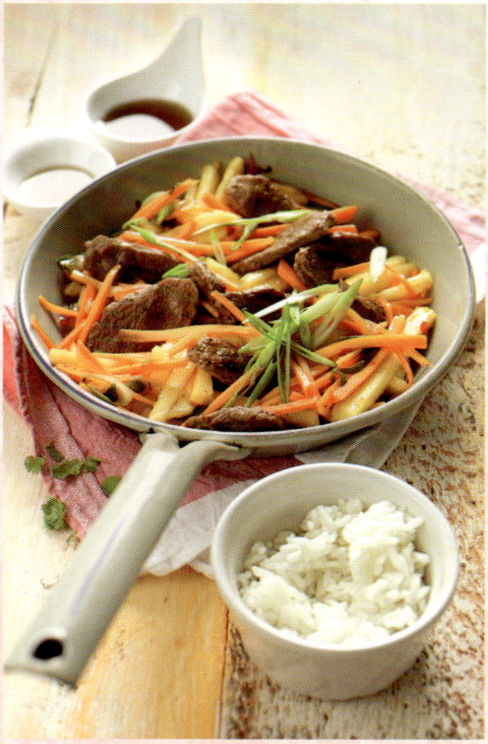
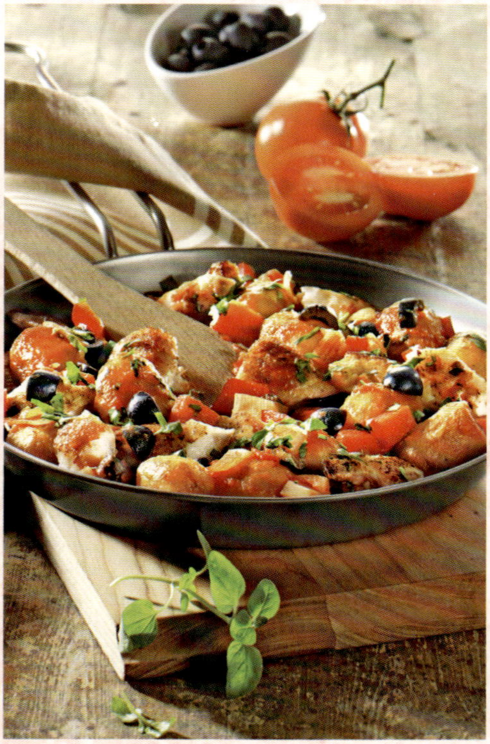

INHALT

Gemüse & Ei 6

Fleisch & Geflügel 52

Fisch & Meeresfrüchte 102

Desserts & Süßspeisen 134

Rezeptverzeichnis 160

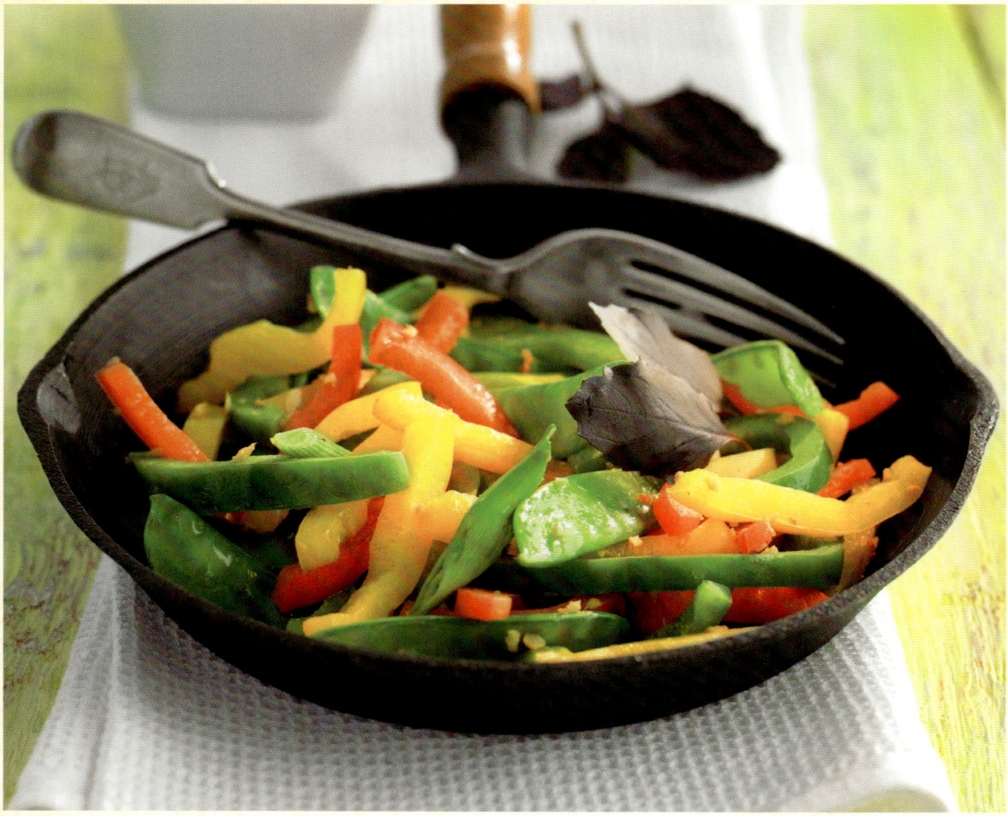
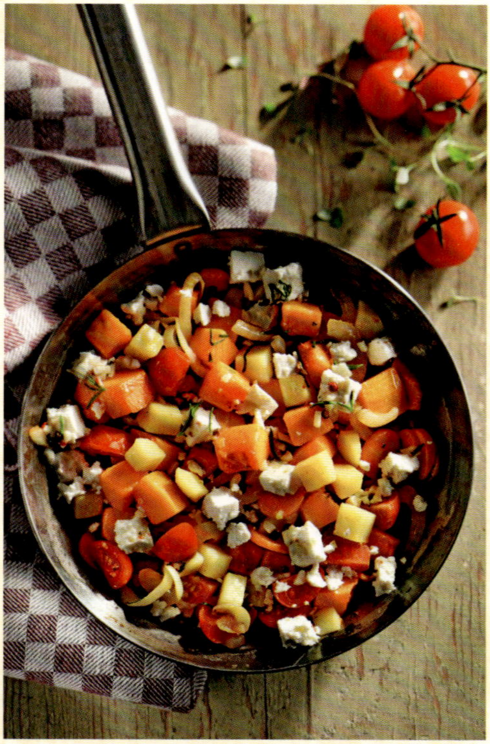
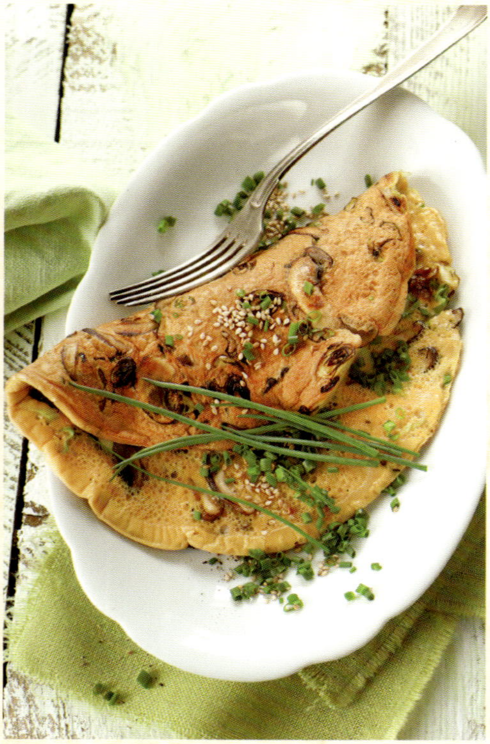

GEMÜSE & EI

Gemüse & Ei

RÜHREI
mit Speck und Zwiebeln

Für 4 Portionen
50 g Bauchspeck
1 Zwiebel
200–250 ml Milch
1 Ei
1 Tl Majoran
1 Tl Mehl
Salz
Pfeffer

Den Speck würfeln. Die Zwiebel schälen und fein würfeln. Anschließend Speck und Zwiebel in einer Pfanne glasig andünsten.

Milch, Ei, Majoran, Mehl, Salz und Pfeffer verquirlen und in die Speckpfanne rühren.

Die Masse in der Pfanne kurz stocken lassen und nochmals durchrühren, damit sie nicht zu fest wird.

Das Rührei noch lauwarm auf Brotscheiben streichen.

→ **UNSER TIPP**
Das Rührei wird besonders locker, wenn Sie die Eimasse mit einem Schuss kohlesäurehaltigen Mineralwasser verquirlen.

Zubereitungszeit:
ca. 20 Minuten
Pro Portion ca. 83 kcal/348 kJ
6 g E, 5 g F, 4 g KH

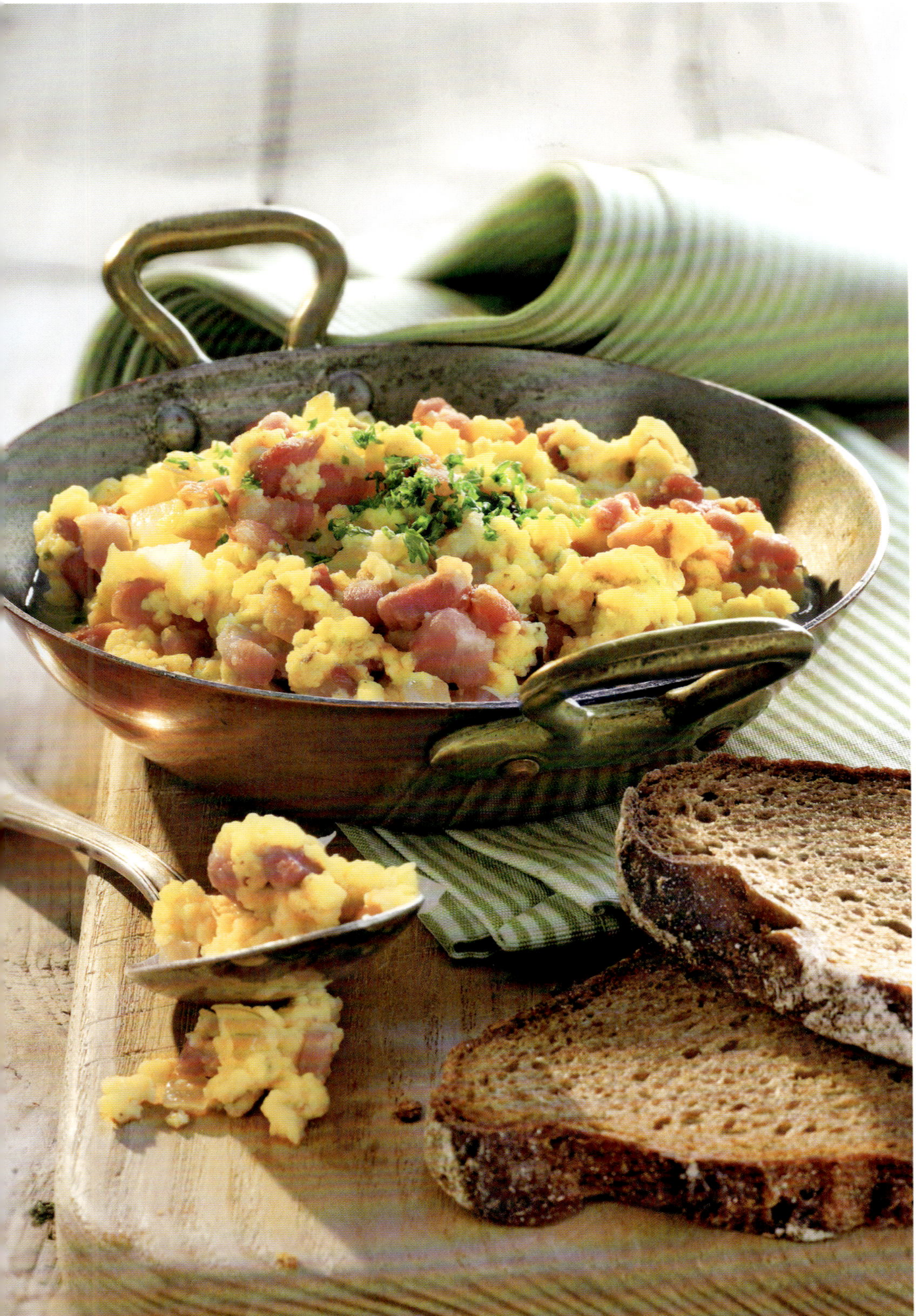

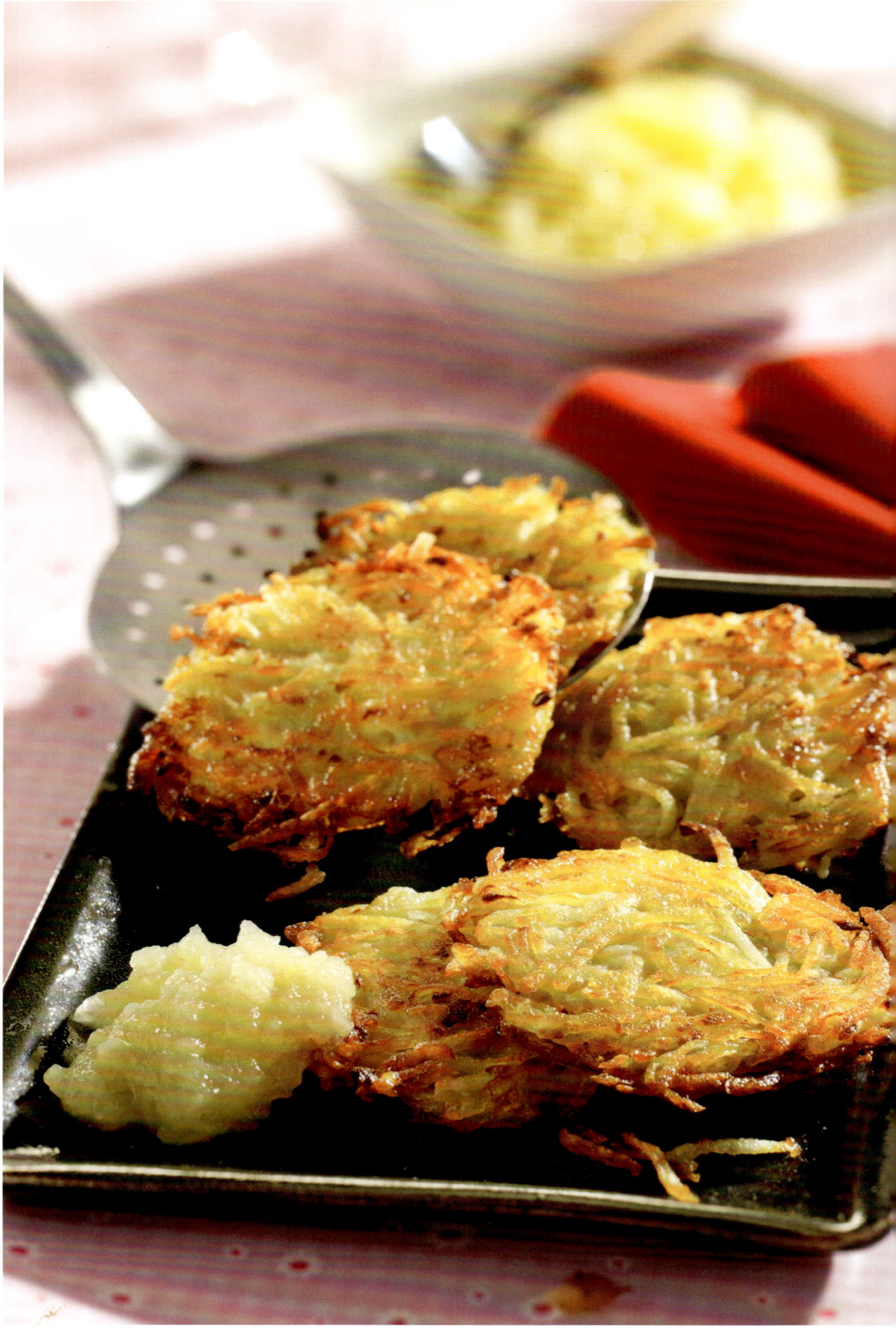

Gemüse & Ei

REIBEKUCHEN
mit Apfelmus

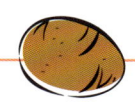

Die Kartoffeln waschen, schälen und fein in ein Tuch reiben. Das Tuch durch Drehen zusammendrücken und so die Flüssigkeit aus den Kartoffeln pressen. Die Zwiebel schälen und fein hacken. Kartoffeln und Zwiebel in einer Schüssel mit den Eiern und dem Mehl verrühren und mit Salz und Pfeffer würzen.

Das Butterschmalz portionsweise in einer Pfanne erhitzen und aus dem Kartoffelteig nacheinander handtellergroße Küchlein backen. Die Reibekuchen von jeder Seite etwa 3 Minuten braten, bis sie goldbraun und knusprig sind. Auf Küchenpapier abtropfen lassen.

Für das Apfelmus die Äpfel waschen, schälen, halbieren, das Kerngehäuse entfernen und die Äpfel würfeln. Den Zitronensaft mit dem Zucker und etwa 175 ml Wasser in einen Topf geben, die Äpfel hinzufügen und zum Kochen bringen. Bei mittlerer Temperatur weich kochen. Nach Bedarf mit Zucker abschmecken. Die Reibekuchen mit dem Apfelmus servieren.

Für 4 Portionen

Für die Reibekuchen
1 kg Kartoffeln
1 Zwiebel
2 Eier
3 El Mehl
100 g Butterschmalz
Salz
Pfeffer

Für das Apfelmus
1,5 kg Äpfel
1 El Zitronensaft
3 El Zucker

Zubereitungszeit:
ca. 50 Minuten
Pro Portion ca. 565 kcal/2366 kJ
10 g E, 17 g F, 88 g KH

Gemüse & Ei

WALDPILZPFANNE
mit Weißwein

Für 4 Portionen
1 Zwiebel
100 g Speck
600 g gemischte Waldpilze
250 ml trockener Weißwein
250 ml Gemüsebrühe
2 El Mehl
4 El Sahne
Salz
Pfeffer

Die Zwiebel schälen und hacken. Den Speck würfeln. Den Speck in einer Pfanne auslassen und die Zwiebel im Speckfett andünsten.

Die Pilze putzen, gründlich säubern, feucht abreiben und größere Exemplare klein schneiden. Die Pilze in die Pfanne geben und 5 Minuten zugedeckt dünsten. Dann Wein und Brühe angießen und alles noch 10 Minuten köcheln.

Das Mehl mit der Sahne verrühren und die Pilze damit andicken. Die Pilzpfanne mit Salz und Pfeffer abschmecken.

→ **UNSER TIPP**
Servieren Sie die Waldpilzpfanne für eine besonders frische Note mit einem 1/2 Bund frisch gehackter Petersilie.

Zubereitungszeit:
ca. 25 Minuten (plus Garzeit)
Pro Portion ca. 281 kcal/1176 kJ
72 g E, 17 g F, 7 g KH

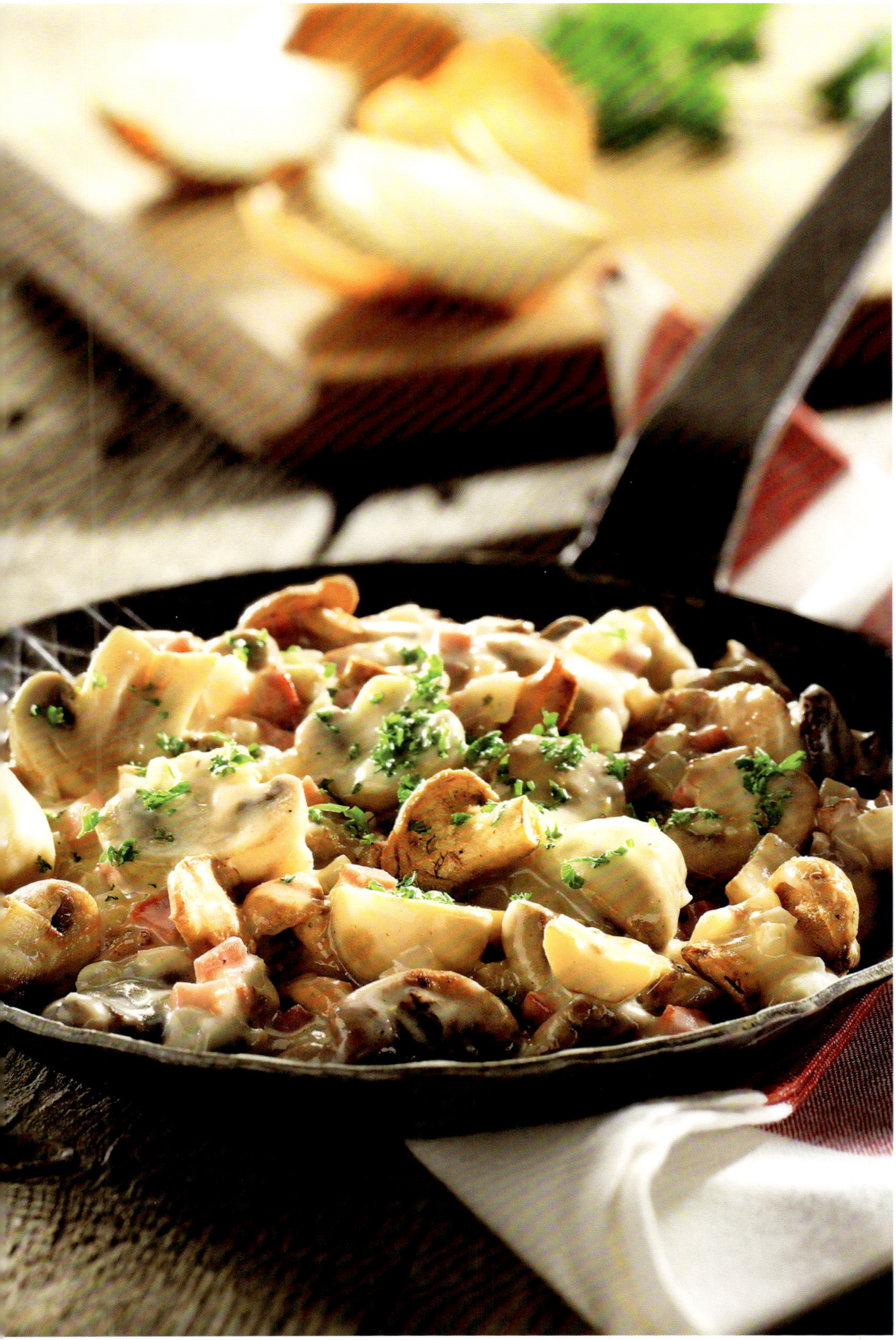

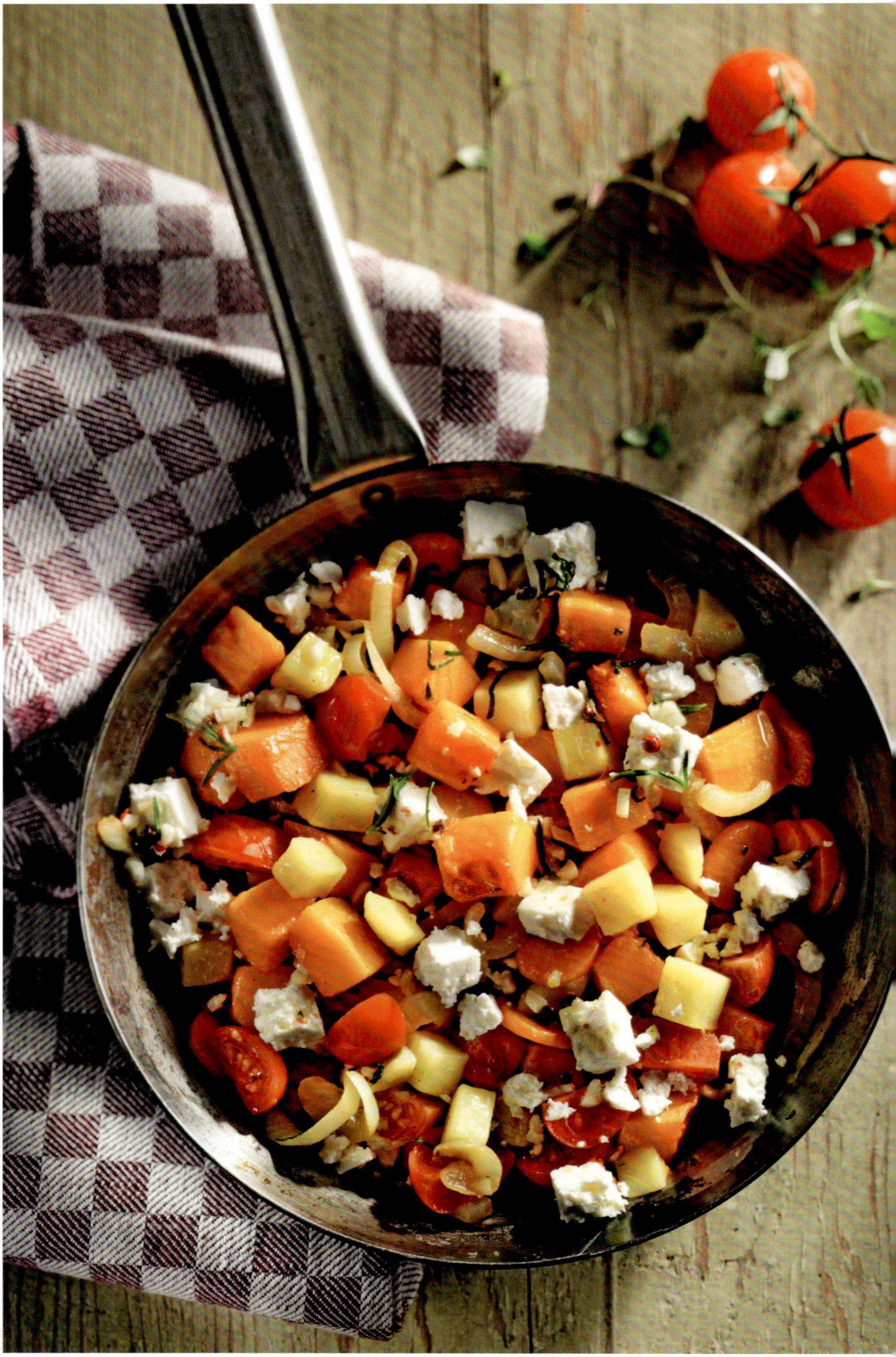

Gemüse & Ei

KÜRBISPFANNE
mit Feta

Kürbisfleisch in kleine Würfel schneiden. Kartoffeln schälen, waschen und ebenfalls würfeln. Zwiebeln abziehen und in Ringe teilen, Cocktailtomaten halbieren, Möhren schälen und in dünne Scheiben schneiden.

Öl bei mittlerer Temperatur in einer Pfanne erhitzen. Kürbis und Kartoffeln darin unter Rühren 5 Minuten dünsten, Möhren zugeben und weitere 5 Minuten garen.

Zwiebeln und Tomaten untermengen und weitere 5 Minuten unter Rühren braten. Gegebenenfalls etwas Brühe zugeben. Das Gemüse mit Salz und Pfeffer würzen.

Rosmarin waschen, Nadeln von den Stängeln zupfen. Feta würfeln. Beides unter das Gemüse mischen und einige Minuten miterwärmen.

Für 4 Portionen
500 g Butternut-Kürbis
  (geputzt gewogen)
500 g Kartoffeln
2–3 Zwiebeln
250 g Cocktailtomaten
200 g Möhren
2–3 El Öl
Gemüsebrühe
Salz
roter Pfeffer
einige Zweige Rosmarin
200 g Feta

Zubereitungszeit:
ca. 25 Minuten (plus Garzeit)
Pro Portion ca. 379 kcal/1584 kJ
13 g E, 19 g F, 39 g KH

Gemüse & Ei

PAPRIKAPFANNE
mit Ingwer und Zuckerschoten

Für 4 Portionen
1 rote Paprika
1 gelbe Paprika
1 grüne Paprika
4 Frühlingszwiebeln
1 Stück Ingwer (ca. 3 cm)
250 g Zuckerschoten
2 El Erdnussöl
1 El geriebener Palmzucker
3 El Pilzsauce
Salz
Pfeffer
Saft einer halben Limette

Paprikaschoten putzen, außen und innen waschen und in Streifen schneiden. Frühlingszwiebeln waschen, putzen und in ca. 2 cm lange Stücke schneiden. Ingwer schälen und fein hacken.

Die Zuckerschoten waschen, putzen und in wenig kochendem Salzwasser ca. 3 Minuten blanchieren, dann herausnehmen, mit kaltem Wasser abschrecken und in einem Sieb abtropfen lassen.

Erdnussöl in einer Pfanne erhitzen, den Ingwer ca. 2 Minuten darin anbraten, dann Paprikastreifen und Frühlingszwiebeln dazugeben, weitere 2 Minuten unter Rühren braten und schließlich die Zuckerschoten unterheben. Das Gemüse bei starker Hitze ca. 2 Minuten in der Pfanne rühren, mit Palmzucker bestreuen und noch kurz weiterbraten. Alles mit der Pilzsauce, Salz, Pfeffer und einem Schuss Limettensaft würzen.

→ **UNSER TIPP**

Beim Einkauf sollte frische Paprika glatt, fest und glänzend sein. Weiche Exemplare sind zu alt.

Zubereitungszeit:
ca. 30 Minuten
Pro Portion ca. 153 kcal/641 kJ
25 g E, 11 g F, 12 g KH

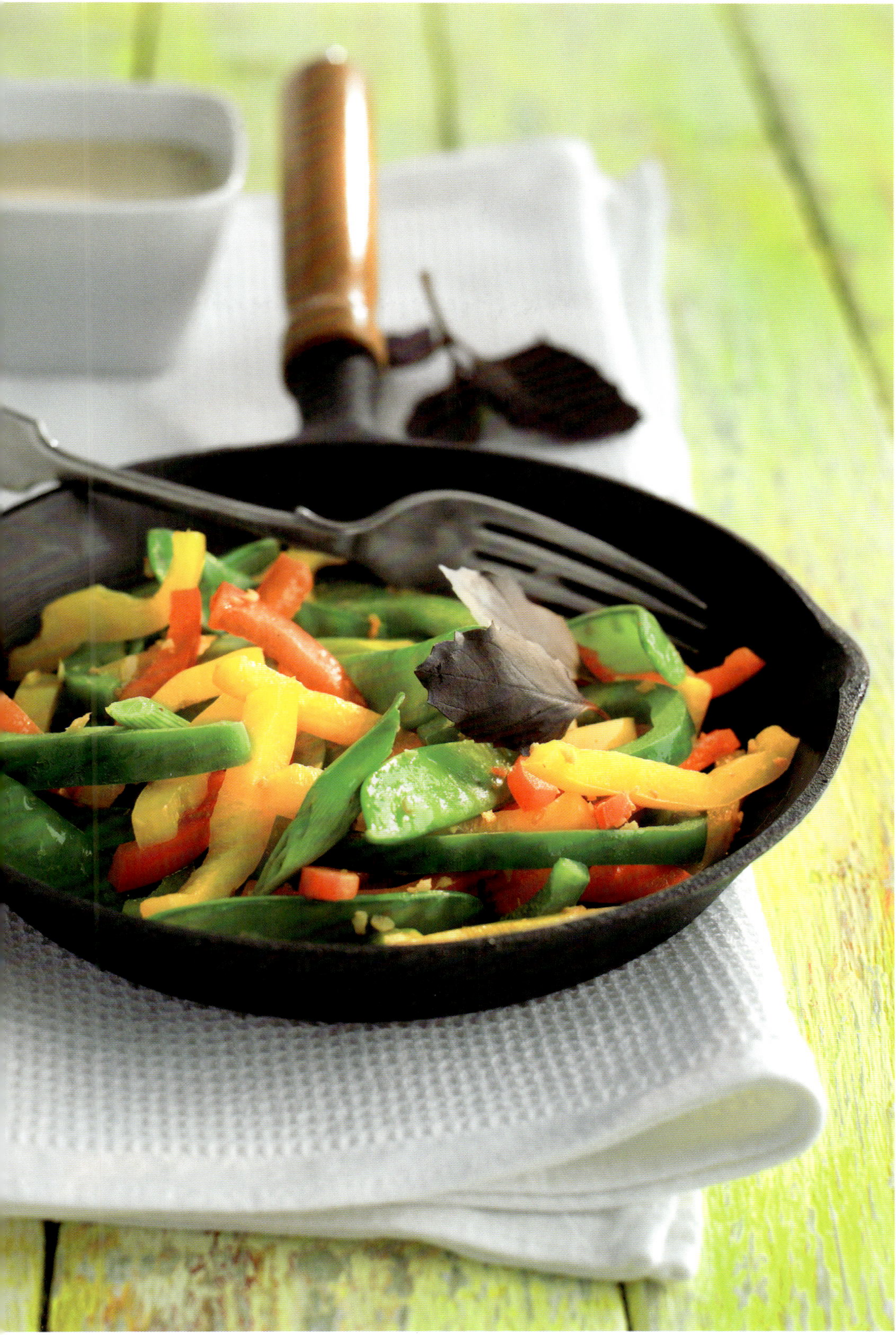

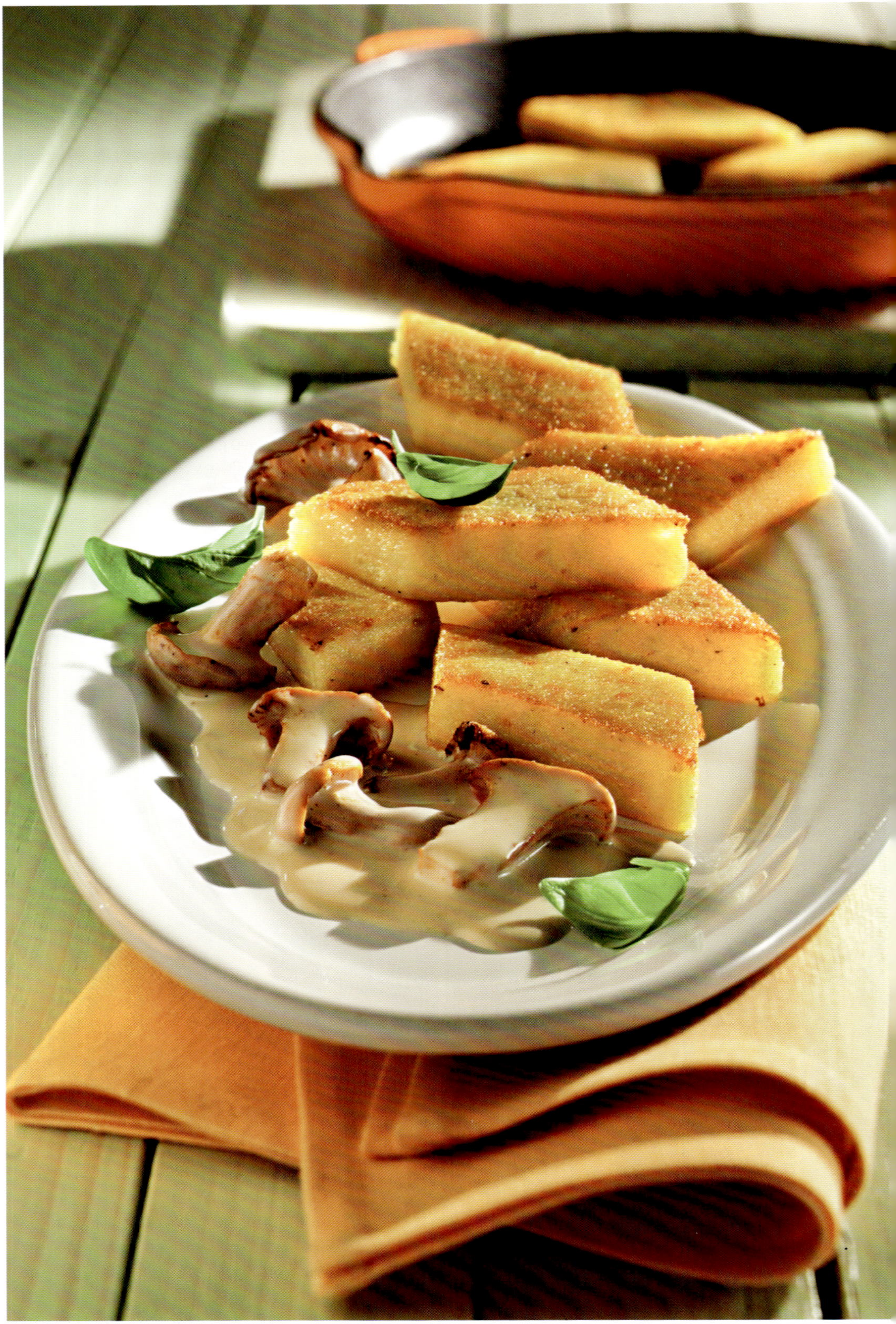

Gemüse & Ei

POLENTA-RAUTEN
mit Pfifferlingen

2 Liter Wasser mit 1 Prise Salz und Butter zum Kochen bringen. Das Maismehl hineinstreuen und glatt rühren. Unter ständigem Rühren 5–10 Minuten köcheln lassen, bis die Masse beginnt, dickflüssig zu werden. Parmesan einrühren und mit Pfeffer abschmecken.

Die heiße Masse etwa 1 cm dick auf ein Backblech streichen. Erkalten lassen.

In der Zwischenzeit Zwiebel und Knoblauch schälen und fein hacken. Pfifferlinge putzen. Butter in einer Pfanne erhitzen. Zwiebel und Knoblauch kurz andünsten. Die Pfifferlinge dazugeben und unter Rühren 2 Minuten schmoren. Den Wein angießen und alles weitere 3 Minuten schmoren.

Polenta stürzen und Rauten herausschneiden.

Öl in einer Pfanne erhitzen und Polenta-Rauten von beiden Seiten knusprig braten.

Die Pilze mit Salz und Pfeffer abschmecken. Crème fraîche unterheben. Die Polenta-Rauten mit den Pilzen servieren.

Für 4 Portionen
Salz
40 g Butter
500 g Maismehl
50 g geriebener Parmesan
weißer Pfeffer
1 Zwiebel
1 Knoblauchzehe
400 g Pfifferlinge
150 ml Weißwein
3 El Crème fraîche

Außerdem
Butter zum Braten
Öl zum Braten

Zubereitungszeit:
ca. 30 Minuten (plus Garzeit)
Pro Portion ca. 520 kcal/2177 kJ
20 g E, 28 g F, 35 g KH

Gemüse & Ei

BRATKARTOFFELN
mit Speck

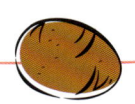

Für 4 Portionen
1 kg festkochende Kartoffeln
Salz
100 g Schinkenspeck
1 Zwiebel
3 El Öl
Pfeffer
2 El frisch gehackter Dill

Die Kartoffeln waschen und in der Schale in kochendem Salzwasser etwa 20 Minuten garen. Abgießen und etwas ausdämpfen lassen. Dann die Kartoffeln pellen und abkühlen lassen. Anschließend in Scheiben schneiden.

Den Speck in sehr feine Würfel schneiden. Die Zwiebel schälen und fein hacken. Das Öl in einer gusseisernen Pfanne sehr heiß werden lassen und die Kartoffelscheiben hineingeben. Auf der Unterseite bräunen, dann durch Schwenken der Pfanne die Kartoffeln wenden.

Speck und Zwiebel zu den Kartoffeln geben und mitschmoren. Die Kartoffeln goldbraun braten, mit Salz und Pfeffer würzen und mit Dill bestreut servieren.

Zubereitungszeit:
ca. 20 Minuten (plus Garzeit und Zeit zum Abkühlen)
Pro Portion ca. 243 kcal/1017 kJ
10 g E, 4 g F, 37 g KH

→ **UNSER TIPP**
Bratkartoffeln nie aus lauwarmen oder noch heißen Kartoffeln bereiten: Sie saugen zu viel Fett und werden matschig.

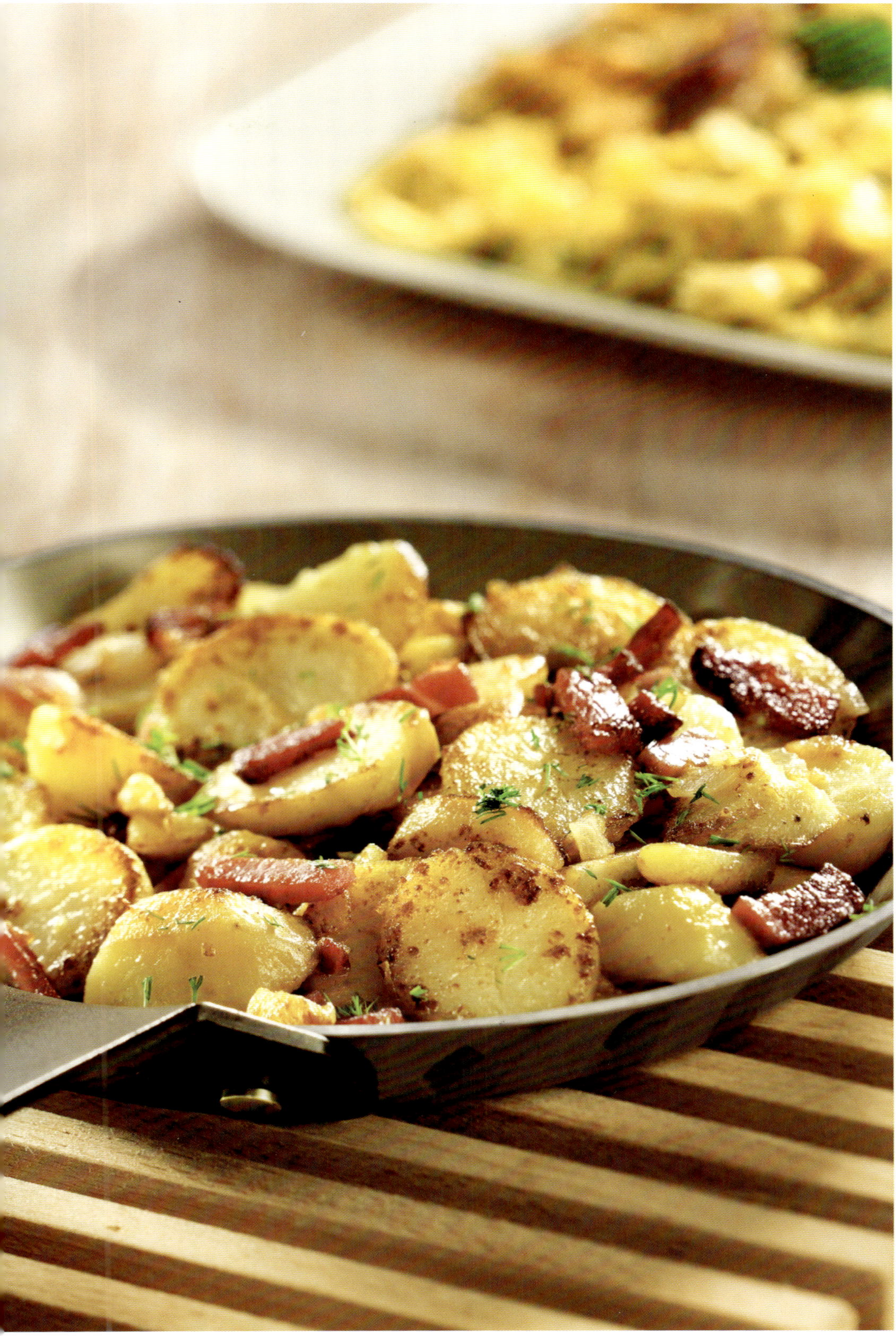

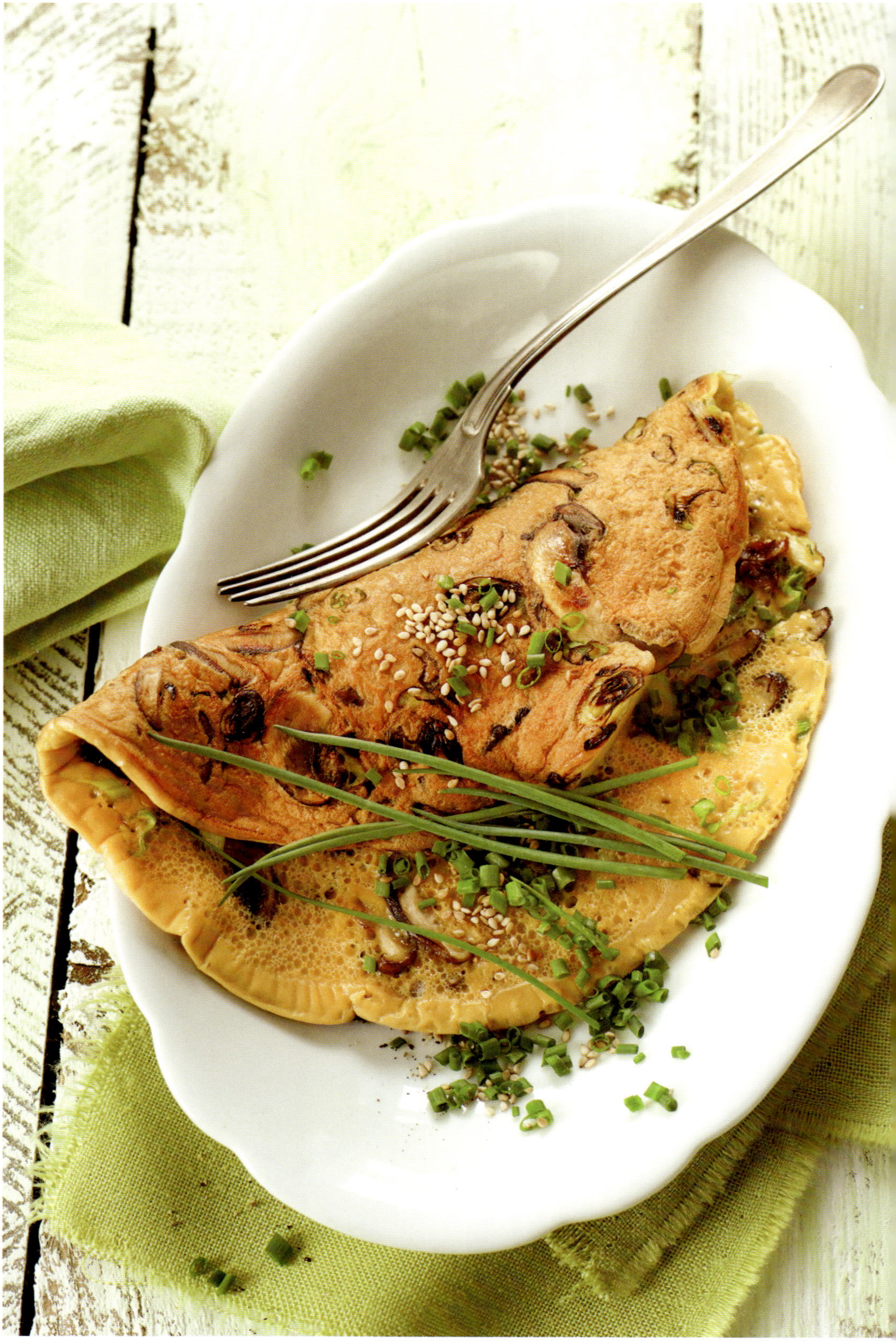

Gemüse & Ei

PILZOMELETTS
mit Sesam

Alle Pilzsorten putzen und die Kappen in feine Scheiben schneiden. Frühlingszwiebeln putzen, waschen und in dünne Ringe schneiden. Ingwer schälen und fein reiben.

Sesam in einer Pfanne ohne Fett goldgelb rösten. Auf einem flachen Teller abkühlen lassen.

Eier in einer Schüssel mit 2 El Wasser verquirlen und mit der Sojasauce abschmecken. Das Sesamöl in vier beschichteten Pfannen stark erhitzen. Pilze darin bei starker Hitze anbraten. Frühlingszwiebeln und Ingwer hinzufügen und kurz mitbraten.

Das verquirlte Ei in die Pfannen geben und bei mittlerer Hitze stocken lassen. Den Schnittlauch waschen, trocken tupfen und in Röllchen schneiden. Die Omeletts mit Schnittlauch und Pfeffer würzen und mit Sesam bestreut servieren.

Für 4 Portionen
100 g Shiitake-Pilze
100 g weiße Champignons
100 g Maronenröhrlinge
4 Frühlingszwiebeln
12 g Ingwer
3 El Sesamsaat
6 Eier
1–2 El Sojasauce
3 El Sesamöl
1 Bund Schnittlauch
Pfeffer

Zubereitungszeit:
ca. 20 Minuten
Pro Portion ca. 284 kcal/1189 kJ
16 g E, 23 g F, 4 g KH

Herzhafter KAISERSCHMARRN

Für 4 Portionen

Für den Schmarrn
4 Eier
Salz
Pfeffer
frisch geriebene Muskatnuss
450 ml Milch
250 g Mehl
1 Msp. Backpulver
1 Bund Frühlingszwiebeln
100 g Würfel von geräuchertem, durchwachsenem Speck
3 El Butterschmalz
2 El Butter

Für den Kräuterquark
250 g Sahnequark
2 El Milch
1 Bund Radieschen
1 Bund Schnittlauch
Salz
Pfeffer
Rosenpaprikapulver

Zubereitungszeit:
ca. 30 Minuten
Pro Portion ca. 613 kcal/2567 kJ
28 g E, 32 g F, 52 g KH

Die Eier trennen. Eiweiß steif schlagen und kalt stellen. Eigelb, Salz, Pfeffer, Muskat und Milch verrühren. Mehl und Backpulver mischen, über die Eiermilch sieben und unterrühren. Teig etwa 5 Minuten ruhen lassen.

Die Frühlingszwiebeln waschen, putzen und in feine Ringe schneiden. Den Speck in 1 El heißem Schmalz anbraten. Frühlingszwiebeln kurz mitbraten und die Hälfte davon in den Teig rühren. Eischnee unter den Teig heben.

Den Backofen auf 90 °C vorheizen. In zwei beschichteten Pfannen das restliche Butterschmalz erhitzen und jeweils die Hälfte des Teigs hineingeben. Von beiden Seiten ca. 4 Minuten lang goldbraun backen, dann in mundgerechte Stücke zerteilen. Je 1 El Butter in die Pfanne geben. Durchschwenken, den restlichen Zwiebelspeck auf beide Pfannen verteilen und die Schmarrn warm stellen.

Für den Kräuterquark Quark mit Milch glatt rühren. Radieschen waschen, putzen und in feine Stifte schneiden. Schnittlauch waschen, trocken schütteln und in feine Ringe schneiden. Beides in den Quark rühren und mit Salz, Pfeffer und Paprikapulver kräftig würzen. Zum Kaiserschmarrn servieren.

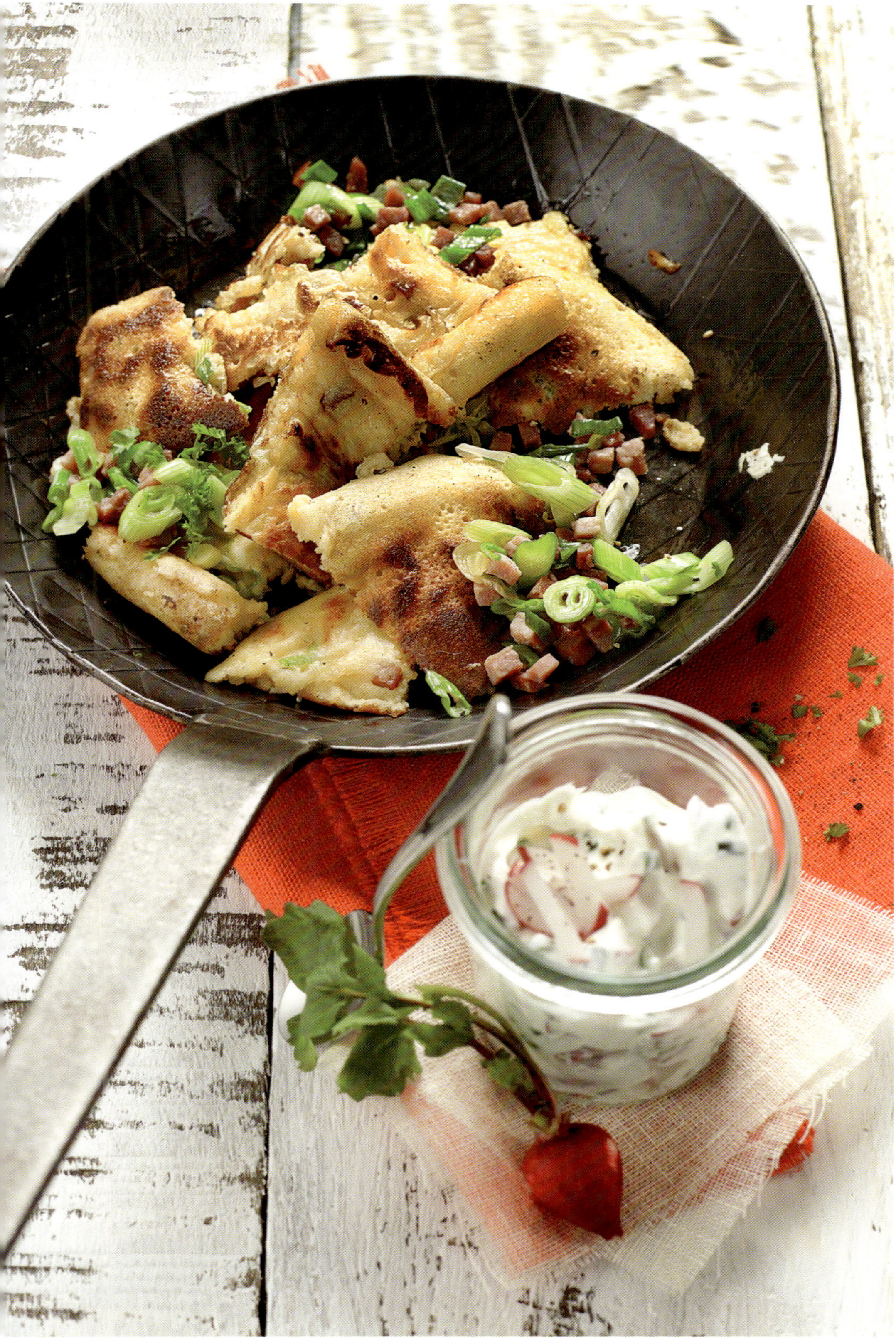

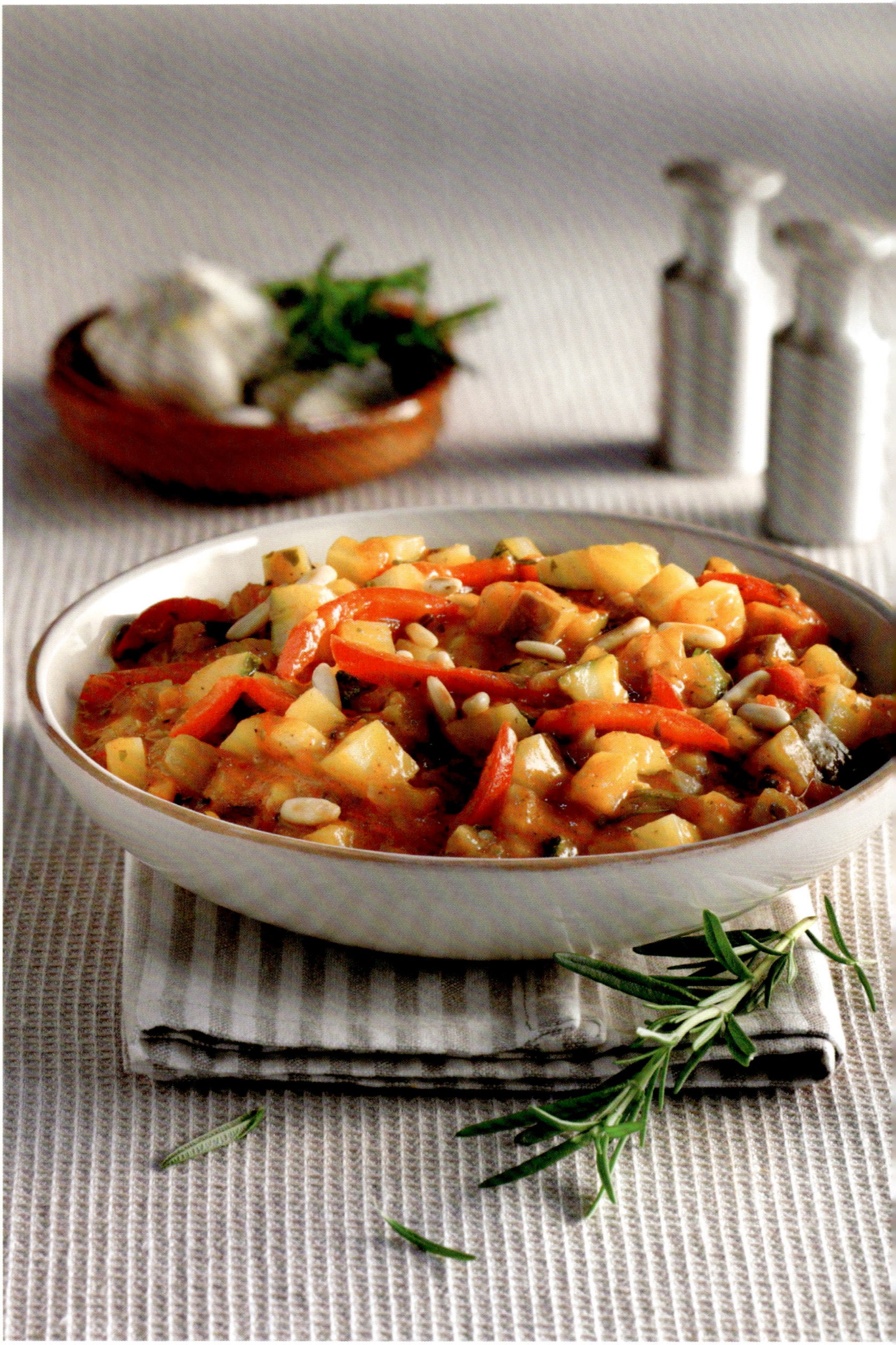

Gemüse & Ei

RATATOUILLE
mit Kartoffeln

Tomaten, Auberginen, Zucchini und Paprika waschen und putzen. Kartoffeln, Zwiebeln und Knoblauch schälen. Thymian und Rosmarin waschen, trocken schütteln, Blättchen abzupfen und fein hacken. Tomaten, Auberginen, Zucchini und Kartoffeln würfeln, Paprika in feine Streifen schneiden, Zwiebeln und Knoblauch fein hacken.

2 Esslöffel Öl in einer Pfanne erhitzen, Zwiebeln und Knoblauch darin bei mittlerer Hitze 2–3 Minuten glasig dünsten. Kartoffeln und 5 Minuten später die Tomaten und Paprika dazugeben und weitere 5 Minuten köcheln lassen. Dann Auberginen, Zucchini, Kräuter und restliches Öl dazugeben. Salzen und pfeffern. Bei kleiner Hitze und geschlossenem Deckel unter gelegentlichem Rühren ca. 10 Minuten köcheln lassen.

Die Pinienkerne in einer Pfanne ohne Fett rösten, bis sie aromatisch zu duften beginnen. Aus der Pfanne nehmen und vor dem Servieren über das Ratatouille streuen.

Für 4 Portionen
700 g Tomaten
400 g Auberginen
300 g Zucchini
300 g Paprikaschoten
300 g Kartoffeln
2 Zwiebeln
2 Knoblauchzehen
5 Stängel Thymian
4 Zweige Rosmarin
3 El Olivenöl
Kräutersalz
Pfeffer
50 g Pinienkerne

Zubereitungszeit:
ca. 25 Minuten (plus Garzeit)
Pro Portion ca. 240 kcal/1005 kJ
9 g E, 15 g F, 18 g KH

Gemüse & Ei

GEBRATENER SPARGEL
in Ingwersauce

Für 4 Portionen
300 g weißer Spargel
300 g grüner Spargel
Salz
2 Schalotten
200 g dünne Scheiben gekochter Schinken
2 El Rapsöl
1 Handvoll Cashewkerne
Pfeffer
1/2 Tl gemahlener Ingwer
1 El Sojasauce
1 El gehackter Dill

Weißen Spargel ganz, grünen Spargel nur im unteren Drittel schälen. Holzige Enden ganz abschneiden. Spargel in ca. 4 cm lange Stücke schneiden. Weiße Spargelstücke in kochendem Salzwasser ca. 6, grünen Spargel ca. 3 Minuten blanchieren. Herausnehmen, kalt abschrecken und abtropfen lassen.

Schalotten abziehen und fein hacken. Schinken kleinschneiden. Das Öl erhitzen und die Spargelstücke 3–5 Minuten anbraten. Schalotten und Schinken zugeben und weitere 3–4 Minuten braten.

Cashewkerne zugeben und mit Salz, Pfeffer und Ingwer würzen. Sojasauce und Dill zugeben und das Ganze weitere 5 Minuten köcheln lassen.

Zubereitungszeit:
ca. 25 Minuten
Pro Portion ca. 178 kcal/745 kJ
8 g E, 13 g F, 6 g KH

→ **UNSER TIPP**

Spargel schmeckt frisch am besten: Bereiten Sie ihn daher am besten am Tag des Kaufs auch zu. Im Kühlschrank hält er sich etwa 3 Tage in ein feuchtes Tuch gewickelt.

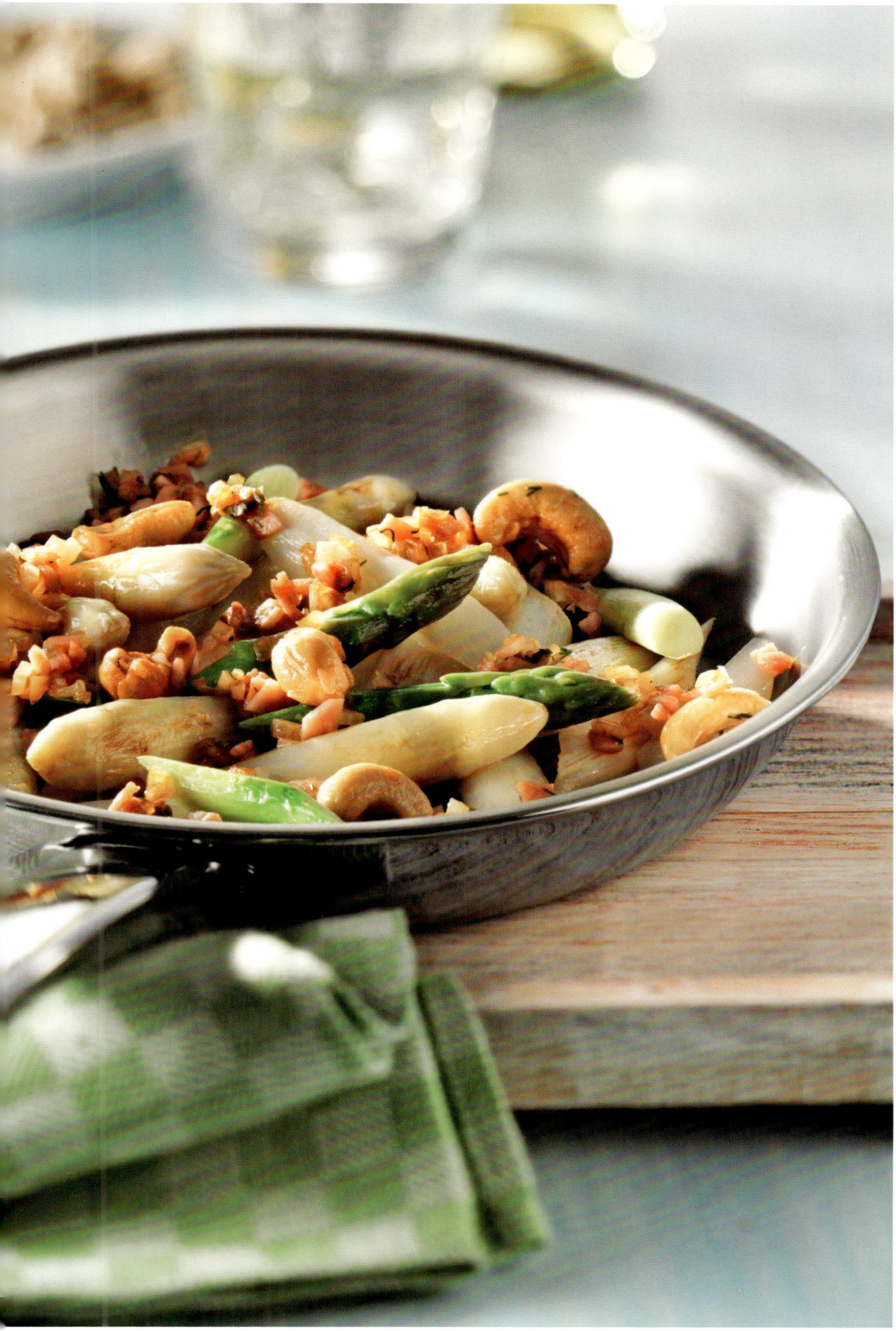

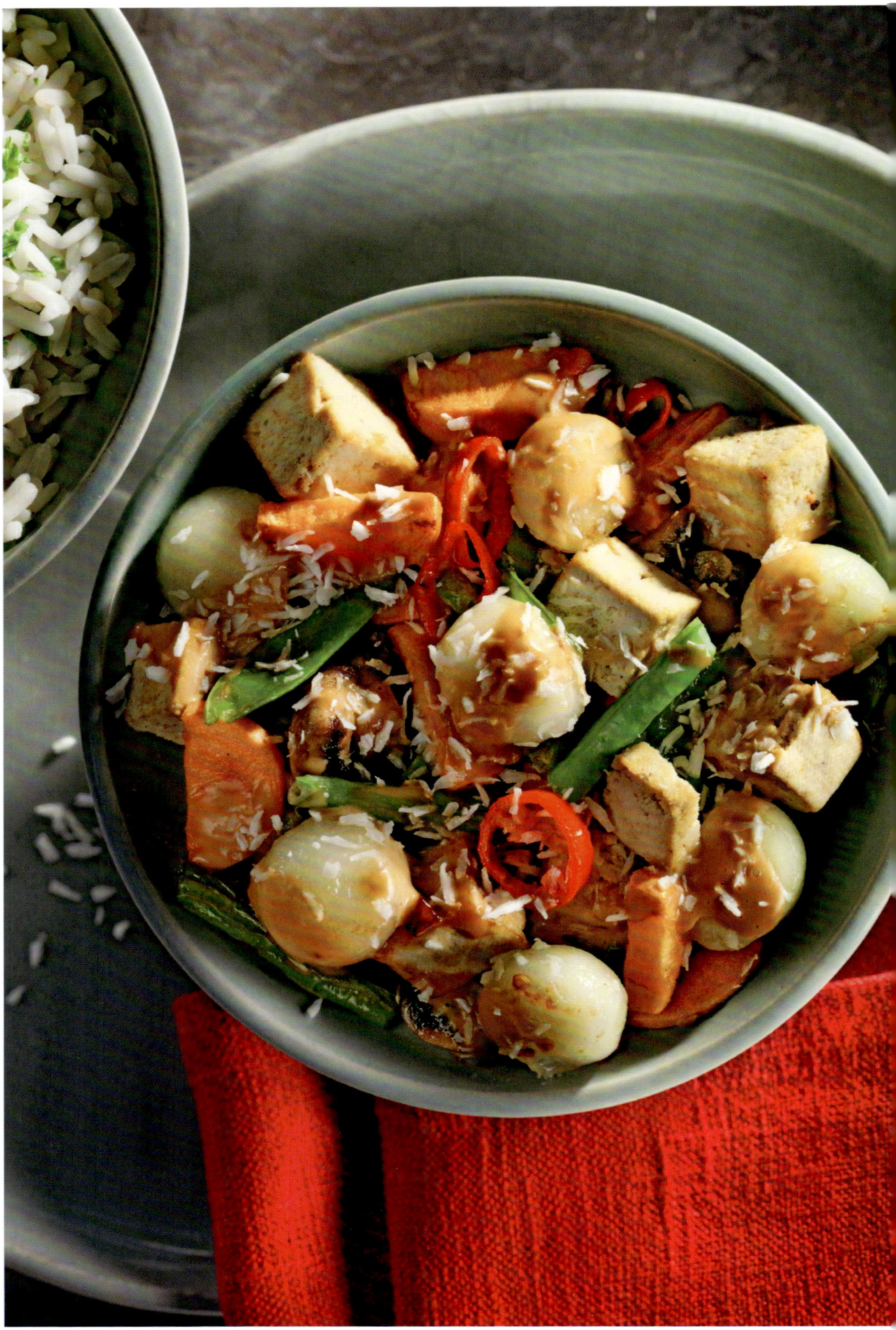

GEMÜSEPFANNE
mit Melone und Tofu

Melone halbieren, entkernen, in Spalten schneiden und schälen. Möhren putzen, waschen und schälen. Bohnen und Zuckerschoten putzen und waschen. Aus dem Melonenfleisch Kugeln ausstechen, Möhren in Scheiben schneiden, Bohnen und Zuckerschoten halbieren. Chilischote klein schneiden.

Bohnen in kochendem Wasser ca. 10 Minuten kochen, abgießen und kalt abschrecken.

Tofu in Würfel schneiden. Butter oder Öl bei mittlerer Temperatur in einer Pfanne erhitzen. Das Gemüse dazugeben und unter Rühren ca. 5 Minuten anbraten. Etwas Wasser oder Brühe zugießen und das Ganze ca. 10 Minuten köcheln lassen. Mit den Gewürzen abschmecken und Kokosraspel unterrühren. Sofort servieren.

Für 4 Portionen
1 kleine Piel de Sapo
1 Bund Möhren
300 g grüne Bohnen
200 g Zuckerschoten
1 rote Chilischote
300 g Tofu
Butter oder Öl zum Braten
Salz
Pfeffer
1 Prise gemahlener Ingwer
1 Prise gemahlene Kurkuma
3 El Kokosraspel

Zubereitungszeit:
ca. 35 Minuten (plus Garzeit)
Pro Portion ca. 270 kcal/1131 kJ
17 g E, 11 g F, 24 g KH

Gemüse & Ei

PAPRIKAPFANNE
mit Ei

Für 4 Portionen
3 Zwiebeln
4 Paprikaschoten
Butterschmalz zum Braten
2 Tl gemahlener Kreuzkümmel
1 1/2 Tl Ahornsirup
1 El Ajvar
3 Lorbeerblätter
2 Tl getrockneter Oregano
800 g Tomaten aus der Dose
Salz
Pfeffer
4 Eier
2 Tl gehackte Petersilie

Zwiebeln schälen. Paprikaschoten waschen, trocken tupfen, längs halbieren, Kerne und Scheidewände sowie Stielansätze entfernen. Zwiebeln und Paprika in Streifen schneiden.

Butterschmalz in einer Pfanne bei mittlerer Hitze erhitzen. Die Zwiebeln zusammen mit dem Kreuzkümmel darin glasig dünsten. Dann die Paprika dazugeben und unter häufigem Rühren etwa 10 Minuten braten, bis sie etwas Farbe annehmen. Ahornsirup, Ajvar, Lorbeerblätter und Oregano dazugeben. Dann mit den Tomaten ablöschen und Salz und Pfeffer zugeben.

Etwa 15 Minuten bei mittlerer Hitze köcheln lassen, bis alles etwas eindickt und die Paprika weich werden. Mit einem Esslöffel 4 Vertiefungen in die Sauce drücken, je ein Ei hineinschlagen und etwa 15 Minuten mit aufgelegtem Deckel weiterköcheln, bis das Eiweiß fest ist, die Eigelbe aber noch weich sind. Mit der Petersilie bestreut servieren.

Zubereitungszeit:
ca. 10 Minuten (plus Garzeit)
Pro Portion ca. 246 kcal/1030 kJ
11 g E, 14 g F, 17 g KH

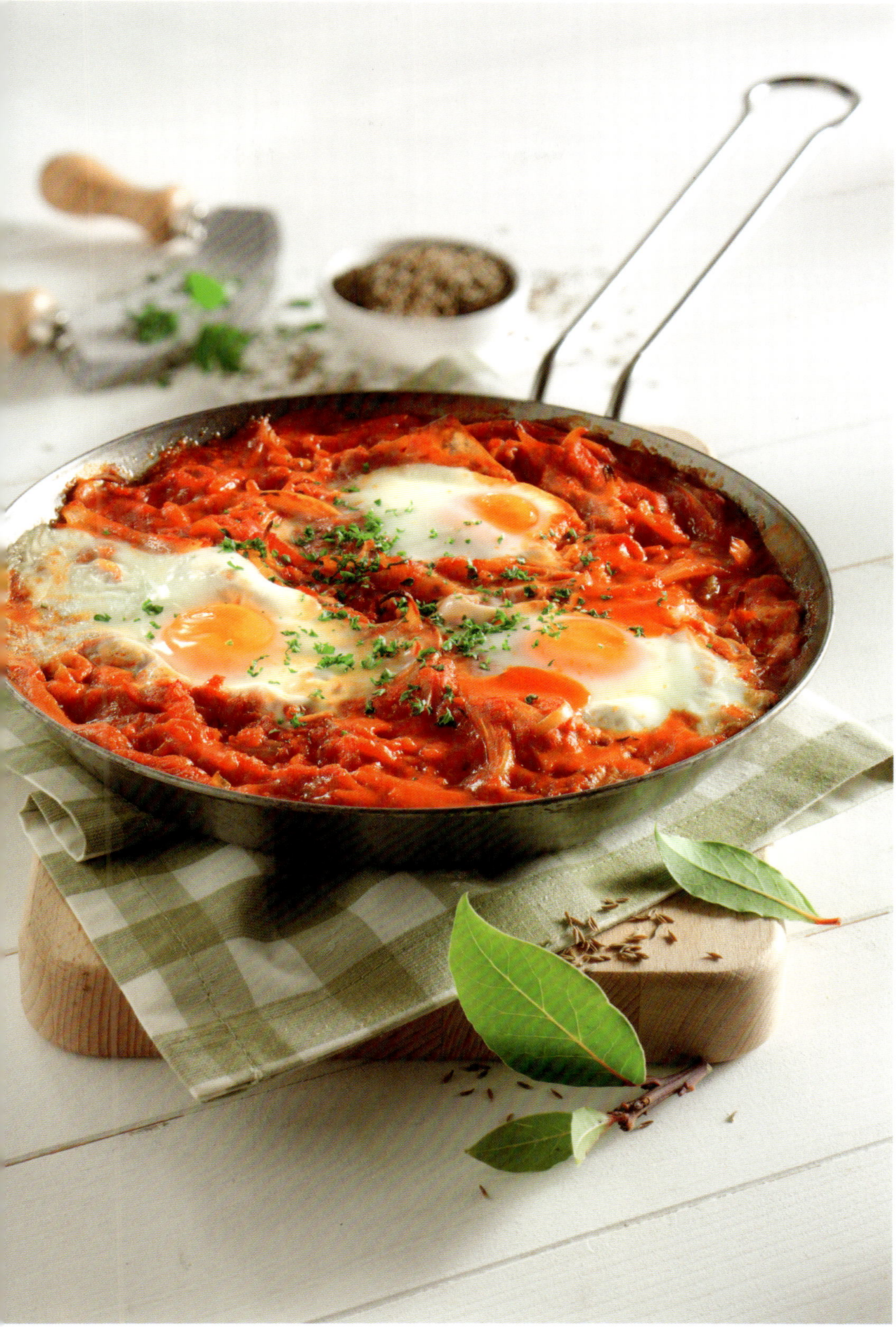

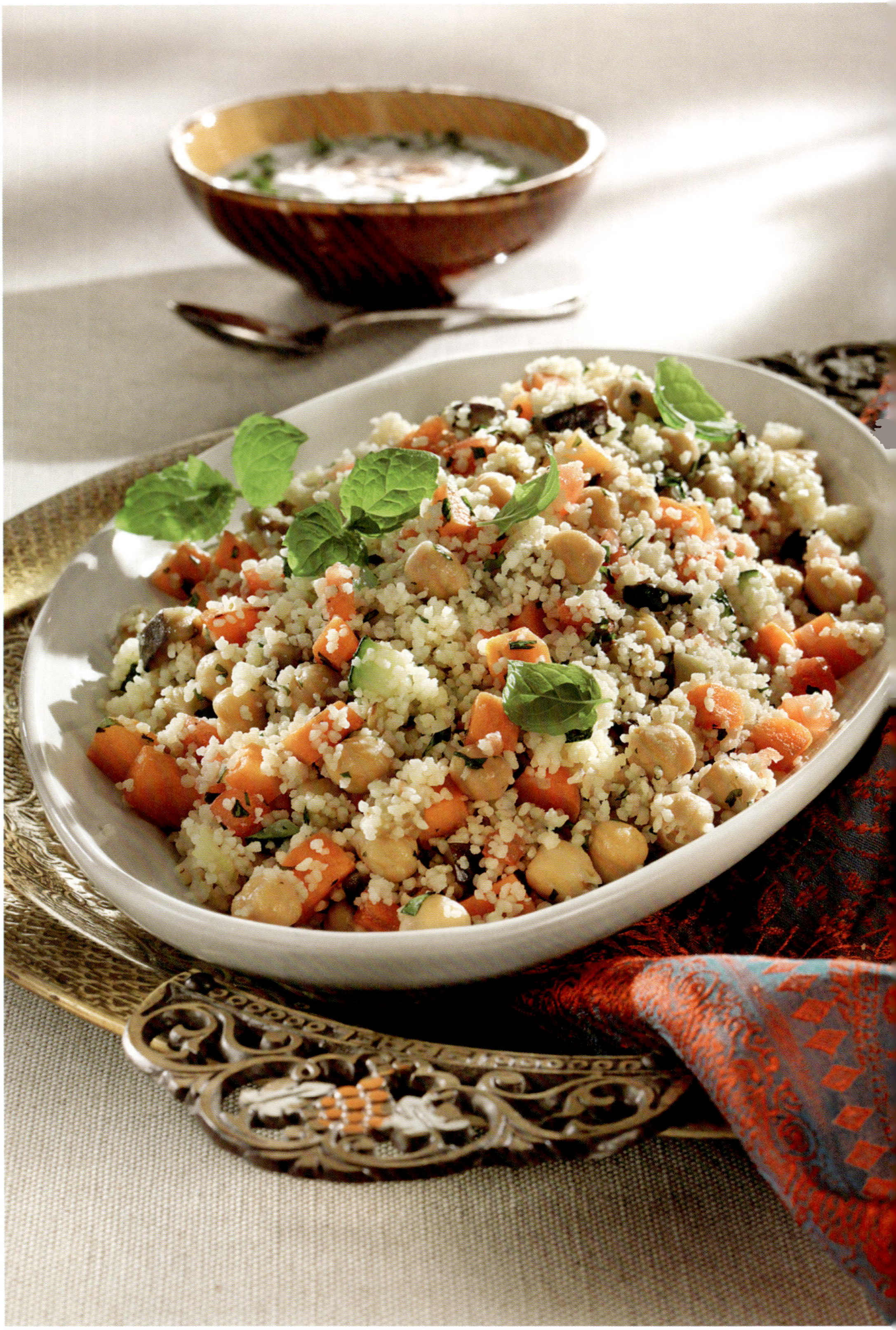

Gemüse & Ei

Vegetarische COUSCOUSPFANNE

Die Kichererbsen durch ein Sieb abgießen und mit kaltem Wasser abbrausen. Zwiebel und Knoblauch abziehen und sehr fein hacken. Möhren und Zucchini waschen und putzen. Die Möhren schälen und beide Gemüse würfeln. Die Aubergine waschen, trocken reiben und den Stielansatz entfernen, längs halbieren und in 1/2 cm dicke Scheiben schneiden. Die Auberginenscheiben mit Salz bestreuen und 15 Minuten ziehen lassen. Danach das Salz abwaschen, mit Küchenpapier trocken tupfen und die Auberginenscheiben in ca. 1 cm große Stücke schneiden. Die Tomaten über Kreuz einritzen, kurz mit kochendem Wasser überbrühen, mit kaltem Wasser abschrecken. Dann häuten, vierteln, von den Stielansätzen befreien und in Würfel schneiden.

Das Olivenöl in einer großen Pfanne erhitzen. Zwiebel und Knoblauch zufügen und kurz andünsten. Danach die Möhren, Zucchini, Auberginen und Kichererbsen zufügen und unter Rühren kräftig anbraten. Mit 250 ml Gemüsebrühe ablöschen, mit Salz, Pfeffer und Kreuzkümmel kräftig würzen und zugedeckt ca. 30 Minuten köcheln lassen.

In einem großen Topf 350 ml Wasser mit einem 1/4 Tl Salz zum Kochen bringen, danach vom Herd nehmen. Das Couscous langsam einrühren und ca. 3 Minuten quellen lassen. Danach ein kleines Stück Butter unterrühren und auf kleiner Flamme weitere 3 Minuten garen. Die Minze und die Petersilie waschen, trocken tupfen und die Blätter von den Stielen zupfen. Fein hacken. Das Couscous mit den Kräutern unter das Gemüse heben.

Für 4 Portionen
450 g Kichererbsen aus der Dose
1 Zwiebel
1 Knoblauchzehe
2 Möhren
1 Zucchini
1 Aubergine
Salz
300 g Tomaten
3 El Olivenöl
250 ml Gemüsebrühe
Pfeffer
Kreuzkümmel
350 g Couscous (Instant)
2 El Butter
1 Bund Minze
1 Bund glatte Petersilie

Zubereitungszeit:
ca. 30 Minuten (plus Garzeit)
Pro Portion ca. 590 kcal/2470 kJ
19 g E, 17 g F, 88 g KH

Gemüse & Ei

Bunte GEMÜSETORTILLA

Für 4 Portionen
4 große Kartoffeln
2 Möhren
2 Knoblauchzehen
2 kleine Zwiebeln
4 Artischocken
1/2 Blumenkohl
4–6 EL Olivenöl
4 Zweige glatte Petersilie
3 Zweige frischer Oregano
8 Eier
Salz
Pfeffer

Kartoffeln, Möhren und Knoblauch schälen und in Scheiben schneiden. Zwiebeln abziehen und in Ringe schneiden. Die Stiele der Artischocken abbrechen, die harten Außenblätter entfernen und die stacheligen Spitzen an den Blättern entfernen.

Artischocken in 6–8 Teile schneiden. Den Blumenkohl in Röschen teilen. Olivenöl in einer Pfanne erhitzen. Das vorbereitete Gemüse in die Pfanne geben und einige Minuten anbraten, dann Blumenkohlröschen zugeben. 5 Minuten unter Rühren garen und herausnehmen.

Petersilie und Oregano waschen, trocken schütteln und die Blättchen in einem Mörser zerdrücken. Eier mit den Kräutern verquirlen, das Gemüse unter die Eimasse ziehen, salzen, pfeffern und alles in die heiße Pfanne geben.

Die Gemüsetortilla zunächst von einer Seite bräunen, dann wenden und die andere Seite bräunen.

Zubereitungszeit:
ca. 30 Minuten
Pro Portion ca. 360 kcal/1507 kJ
17 g E, 15 g F, 33 g KH

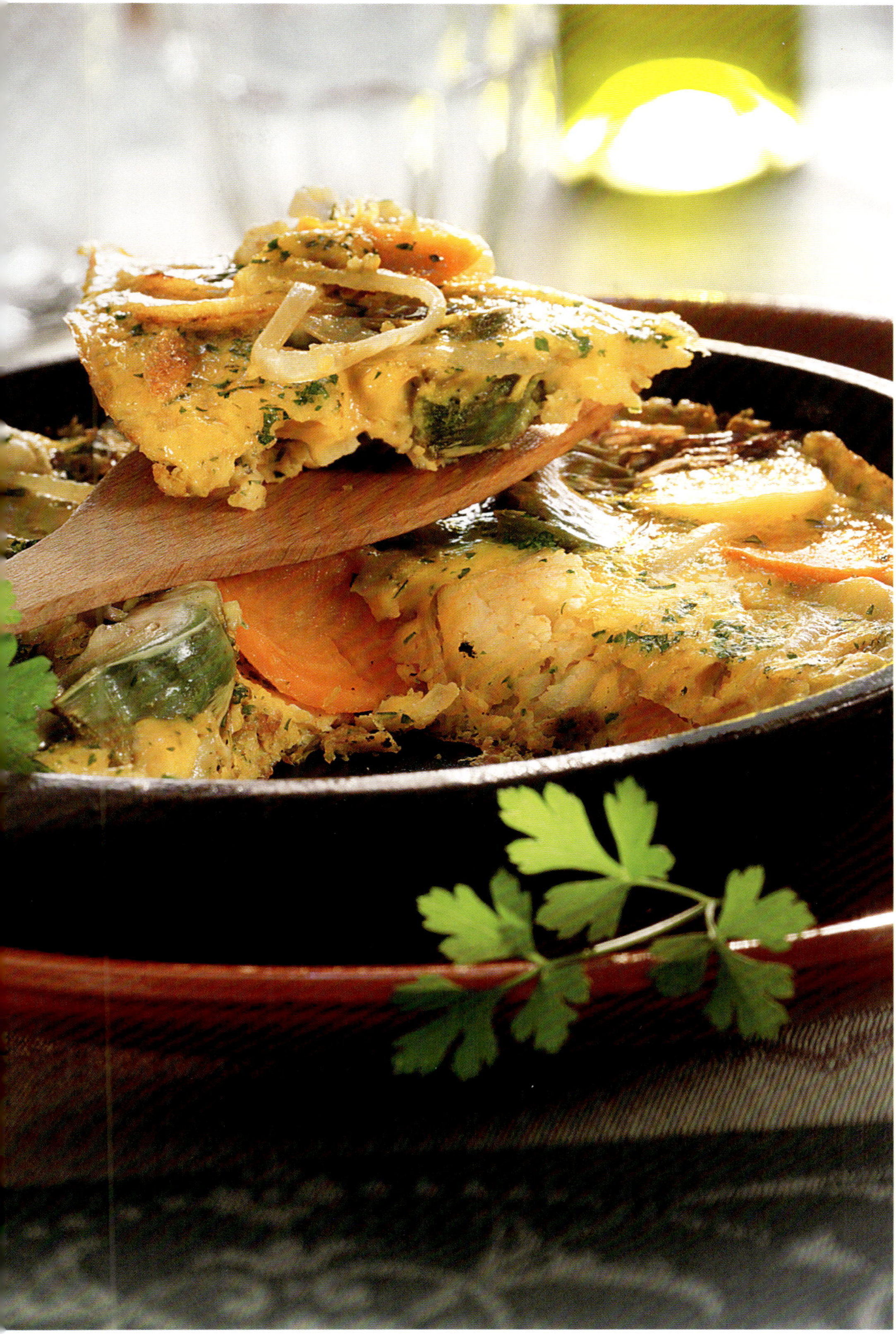

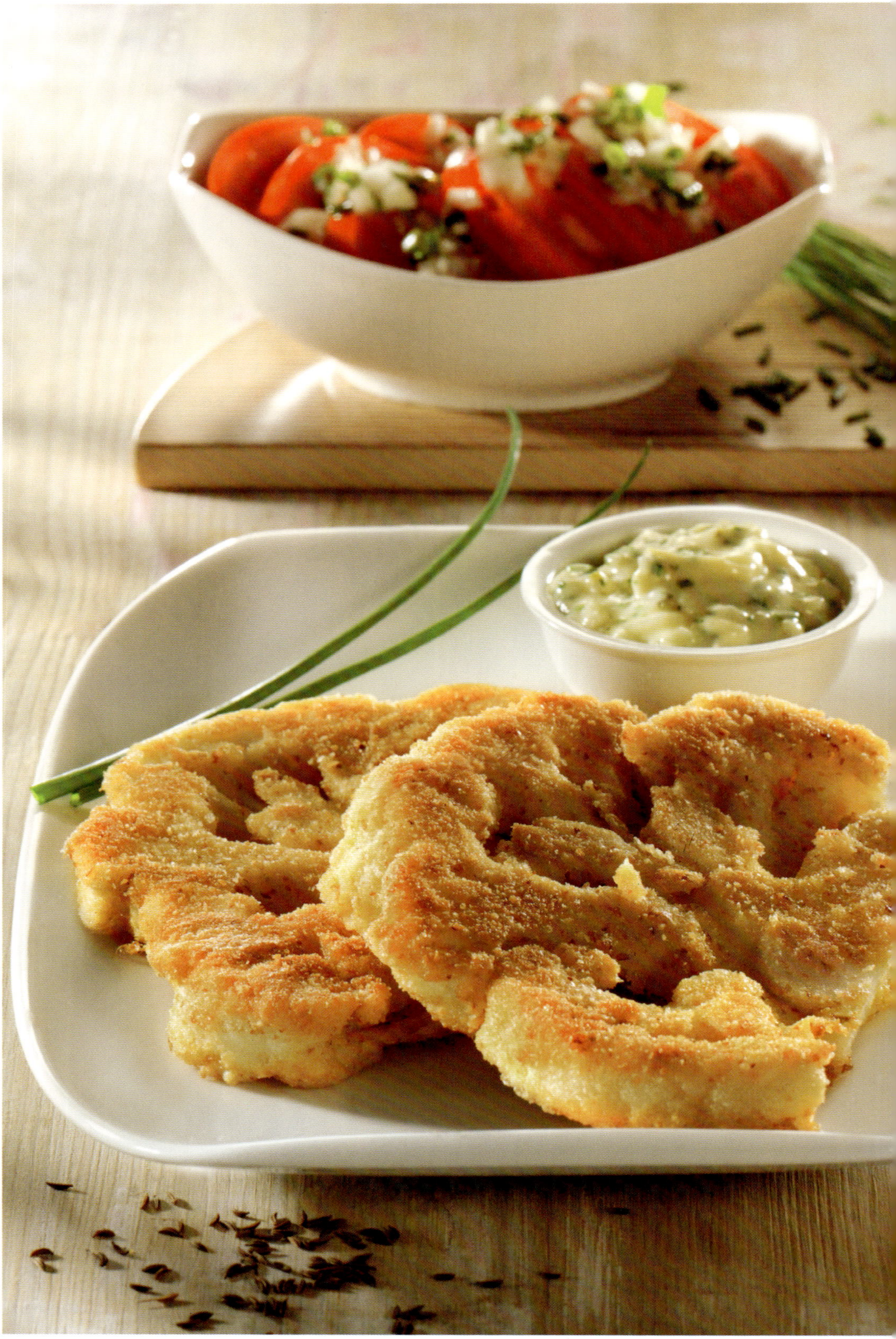

Gemüse & Ei

Gebackenes BLUMENKOHLSCHNITZEL

Vom Blumenkohl die grünen Blätter samt Stielen entfernen. Den Kopf im Ganzen mit kaltem Wasser überbrausen. In einem großen Topf etwas Salzwasser erhitzen, den Blumenkohl darin bei geschlossenem Deckel etwa 20 Minuten vorgaren.

Inzwischen für die Remoulade das Ei pellen und fein hacken. Die Gewürzgurken ebenfalls fein hacken. Die Zwiebel abziehen und fein würfeln. Die Kräuter waschen und mit Küchenkrepp trocken tupfen. Die Petersilienblättchen von den Stielen zupfen und mit einem großen Küchenmesser fein hacken, den Schnittlauch in Röllchen schneiden. Alle Zutaten für die Remoulade mit Mayonnaise und Joghurt verrühren und mit Salz, Pfeffer und Zitronensaft würzen.

Den Blumenkohl auf einem Sieb abtropfen und abkühlen lassen, danach in etwa 1 cm breite Scheiben schneiden. Das Paniermehl auf einen flachen Teller geben. Die Eier mit der Milch in einem tiefen Teller verquirlen. Das Mehl auf einen flachen Teller geben. Die Blumenkohlscheiben zuerst im Mehl wenden, dann durch die Eiermasse ziehen und zum Schluss in dem Paniermehl wenden.

Das Öl in einer großen Pfanne erhitzen und die Blumenkohlschnitzel von beiden Seiten jeweils in ca. 1 Minute goldgelb braten. Bereits fertig gebratene Schnitzel im Ofen bei 50 °C warm halten. Mit der Remoulade servieren.

Für 4 Portionen
1 kleiner Kopf Blumenkohl (ca. 1 kg)
Salz
1 hart gekochtes Ei
2 Gewürzgurken
1 kleine Zwiebel
1/4 Bund Petersilie
1/4 Bund Schnittlauch
200 g Mayonnaise
150 g Joghurt
Pfeffer
1 Tl Zitronensaft
80 g Paniermehl
2 Eier
2–3 El Milch
2–3 El Mehl
2–3 El Rapsöl

Zubereitungszeit:
ca. 30 Minuten (plus Garzeit)
Pro Portion ca. 580 kcal/2428 kJ
14 g E, 49 g F, 22 g KH

KAPUNATA
auf maltesische Art

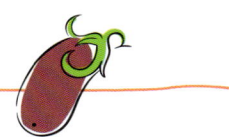

Für 4 Portionen
400 g Auberginen
400 g grüne Paprika
200 g Zwiebeln
250 g aromatische Tomaten
200 g Zucchini
2–3 Knoblauchzehen
3–4 El Olivenöl
Salz
Pfeffer
Gemüsebrühe
100 g passierte Tomaten
50 g Kapern
100 g Oliven
1 El gehackter Dill
1 Tl getrocknete Kräuter der Provence

Auberginen und Paprika waschen. Von den Auberginen die Enden abschneiden. Paprika halbieren, Trennhäute herausschneiden und entkernen. Auberginen und Paprika in Würfel schneiden.

Zwiebeln schälen und fein würfeln. Tomaten mit heißem Wasser überbrühen, kurz in kaltem Wasser abschrecken und die Haut abziehen. Tomaten halbieren, Stängelansätze entfernen, Tomaten in kleine Stücke schneiden. Von den Zucchini die Enden abschneiden und Zucchini in dünne Scheiben schneiden. Knoblauch abziehen und fein hacken.

Olivenöl in einer Pfanne erhitzen und Auberginen, Paprika, Tomaten, Zucchini, Zwiebeln und Knoblauch darin unter Rühren anbraten. Mit Salz und Pfeffer würzen. Zugedeckt bei schwacher Hitze in 10–15 Minuten gar köcheln. Evtl. etwas Gemüsebrühe zugießen.

Passierte Tomaten, Kapern, Oliven und Kräuter unterrühren und weitere 5 Minuten köcheln. Kalt oder heiß mit Baguette servieren.

Zubereitungszeit:
ca. 20 Minuten (plus Garzeit)
Pro Portion ca. 160 kcal/670 kJ
6 g E, 4 g F, 13 g KH

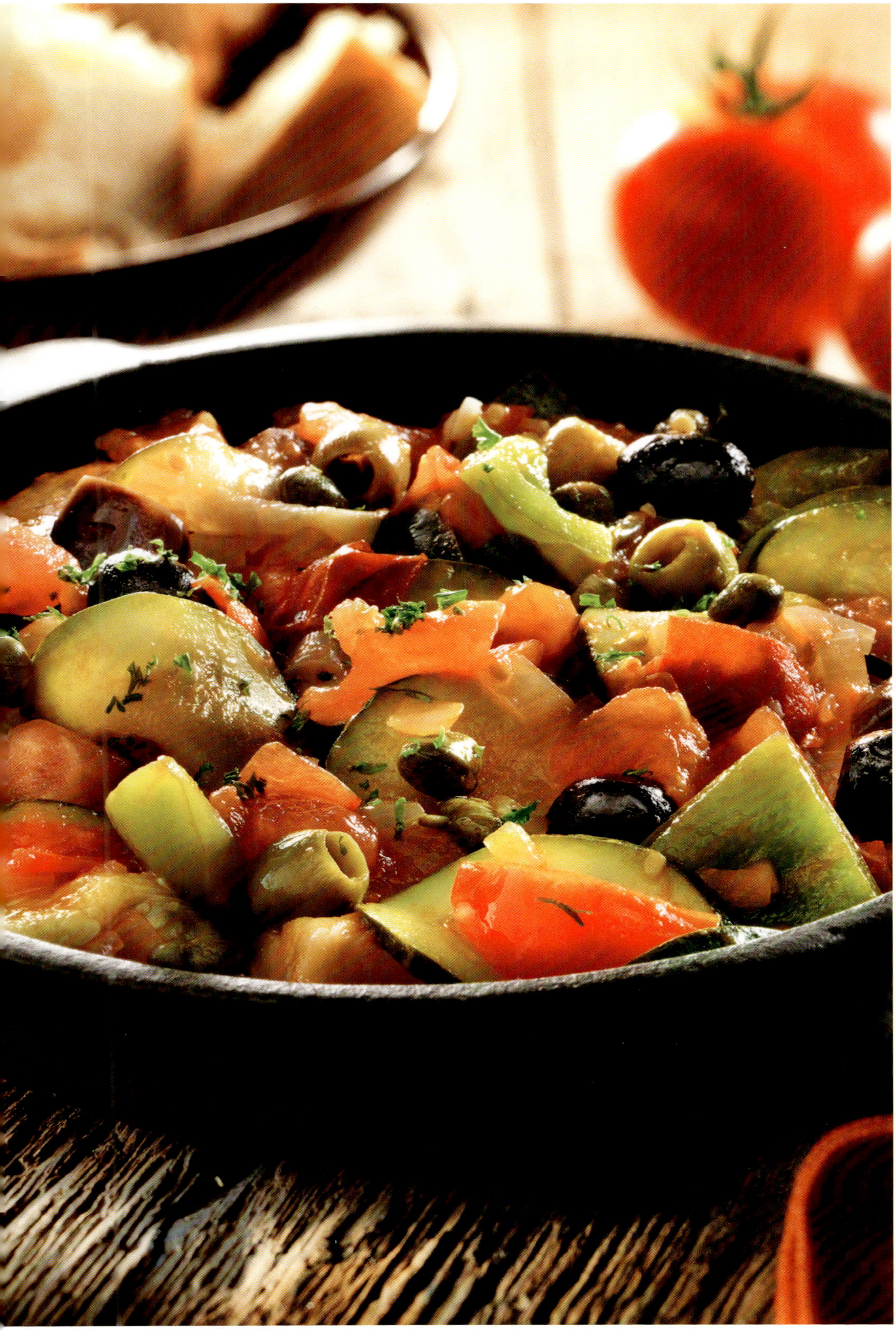

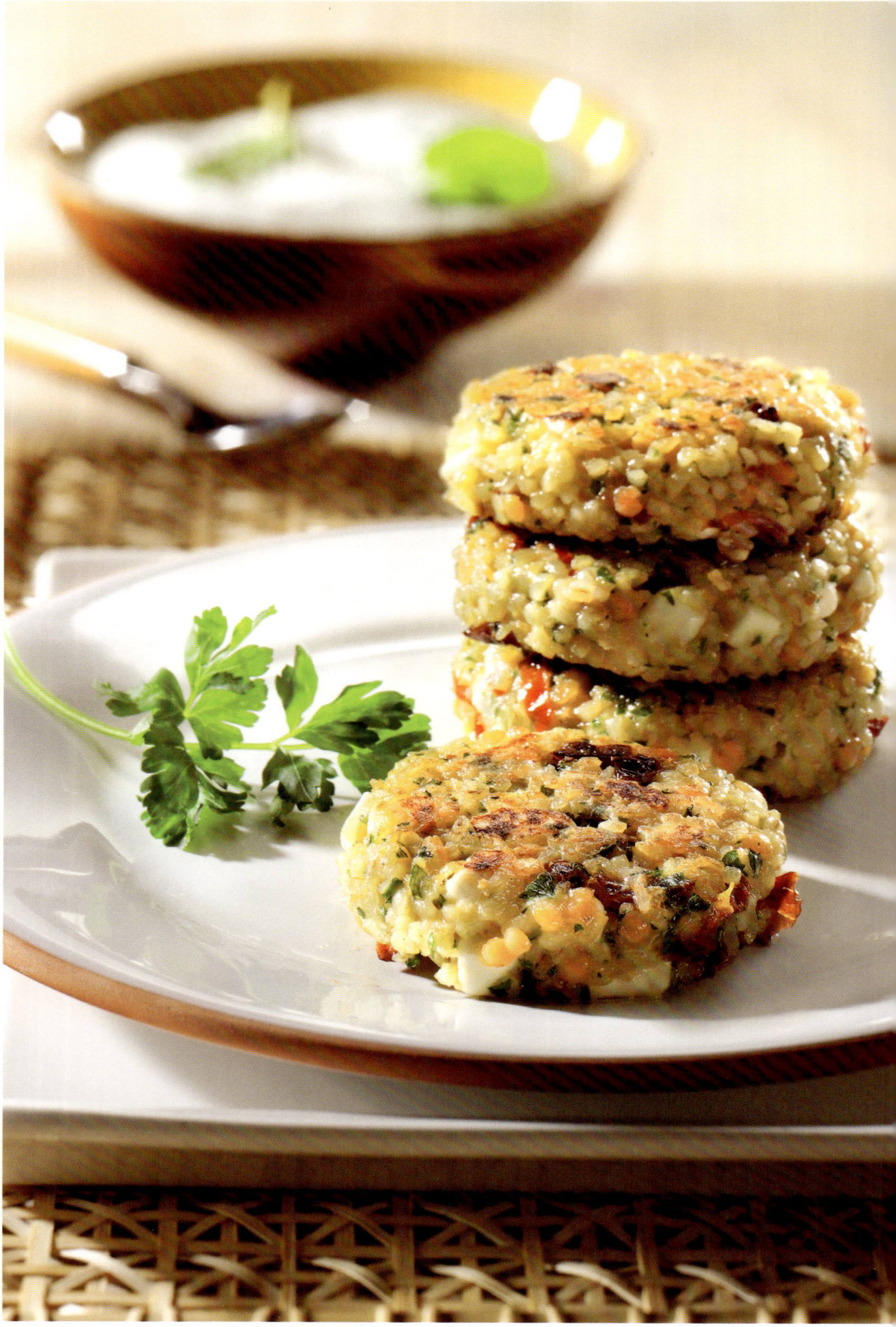

Gemüse & Ei

BULGUR-FRIKADELLEN
mit Linsen und Feta

Die roten Linsen in etwa 200 ml Wasser aufkochen und bei niedriger Temperatur ca. 10 Minuten quellen lassen. Den Bulgur in eine Schüssel geben und mit so viel kochend heißem Wasser übergießen, dass es etwa 2 cm hoch über dem Bulgur steht. Ebenfalls quellen lassen. Auch die getrockneten Tomaten mit heißem Wasser übergießen und quellen lassen.

Inzwischen die Petersilie waschen und mit Küchenkrepp trocken tupfen. Die Blättchen von den Stielen zupfen und mit einem großen Küchenmesser fein hacken. Feta abtropfen lassen und in Würfel schneiden. Die Tomaten aus dem Wasser nehmen, trocken tupfen und mit einem großen Küchenmesser würfeln.

Linsen und Bulgur in eine Schüssel geben. Petersilie, Feta und Tomaten hinzufügen. Eier aufschlagen und zusammen mit dem Mehl unterrühren. Die Teigmasse kräftig mit Salz, Pfeffer und Kreuzkümmel würzen.

Die Hälfte des Öls in einer beschichteten Pfanne erhitzen und aus der Teigmasse 16 flache, im Durchmesser etwa 8 cm große Frikadellen formen. Diese portionsweise in der Pfanne von beiden Seiten etwa 5 Minuten braten. Die fertigen Frikadellen im Ofen bei 50 °C warm halten und mit dem restlichen Öl weitere Frikadellen braten.

Für 4 Portionen
100 g rote Linsen
100 g Bulgur
8 getrocknete Tomaten
1/2 Bund glatte Petersilie
200 g Feta
2 Eier
50 g Mehl
1/2 Tl Salz
Pfeffer
1/2 Tl Kreuzkümmel
4 El Olivenöl

Zubereitungszeit:
ca. 30 Minuten (plus Garzeit)
Pro Portion ca. 460 kcal/1926 kJ
22 g E, 23 g F, 40 g KH

Gemüse & Ei

KÜRBIS-SPINAT-OMELETT
mit Krabben

Für 4 Portionen
300 g Öl-Kürbis
 (geputzt gewogen)
Butter oder Öl zum Braten
Salz
Pfeffer
2–3 Eier
1 Prise frisch geriebene
 Muskatnuss
1 Handvoll junge Spinatblätter
125 g Krabbenfleisch

Das Kürbisfleisch schälen und in feine Würfel schneiden. Butter oder Öl bei mittlerer Temperatur in einer Pfanne erhitzen und die Kürbiswürfel hineingeben. Mit Salz und Pfeffer würzen. 100 ml Wasser zugeben und den Kürbis bei schwacher Hitze in ca. 10 Minuten weich dünsten.

Die Eier verquirlen, mit Salz, Pfeffer und Muskat würzen. Die Spinatblätter waschen, trocken tupfen und etwas zerkleinern. Den Spinat zum Kürbis in die Pfanne geben und 1 Minute mitdünsten. Die Krabben unterrühren. Dann die Eimasse darübergießen und das Omelett bei schwacher Hitze in ca. 10 Minuten stocken lassen.

Zubereitungszeit:
ca. 20 Minuten (plus Garzeit)
Pro Portion ca. 135 kcal/565 kJ
11 g E, 8 g F, 4 g KH

→ **UNSER TIPP**

Der steirische Öl-Kürbis verbirgt in seinem Inneren jede Menge schalenlose dunkelgrüne Knabberkerne, aus denen auch das wertvolle und gesunde Kürbiskernöl hergestellt wird.

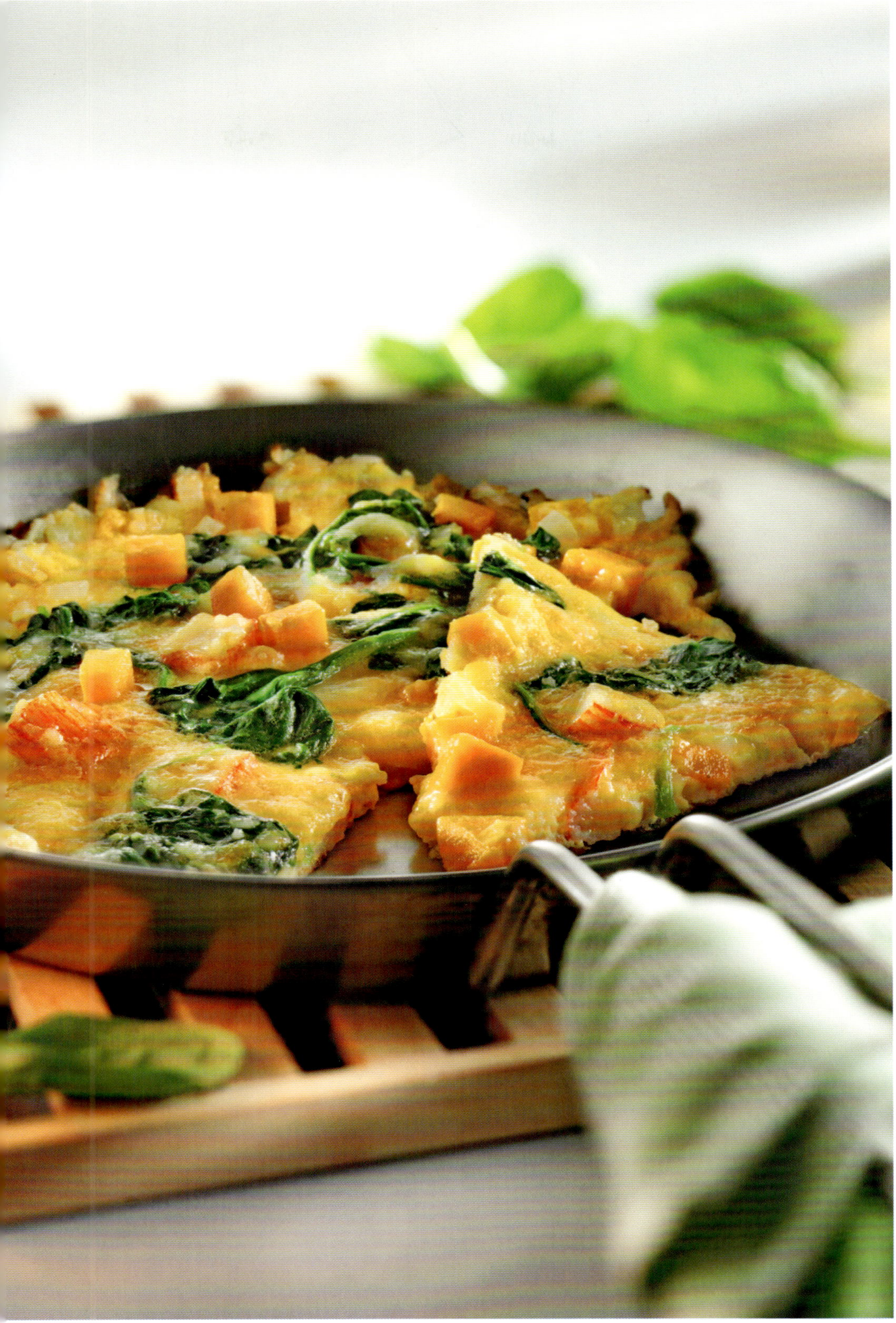

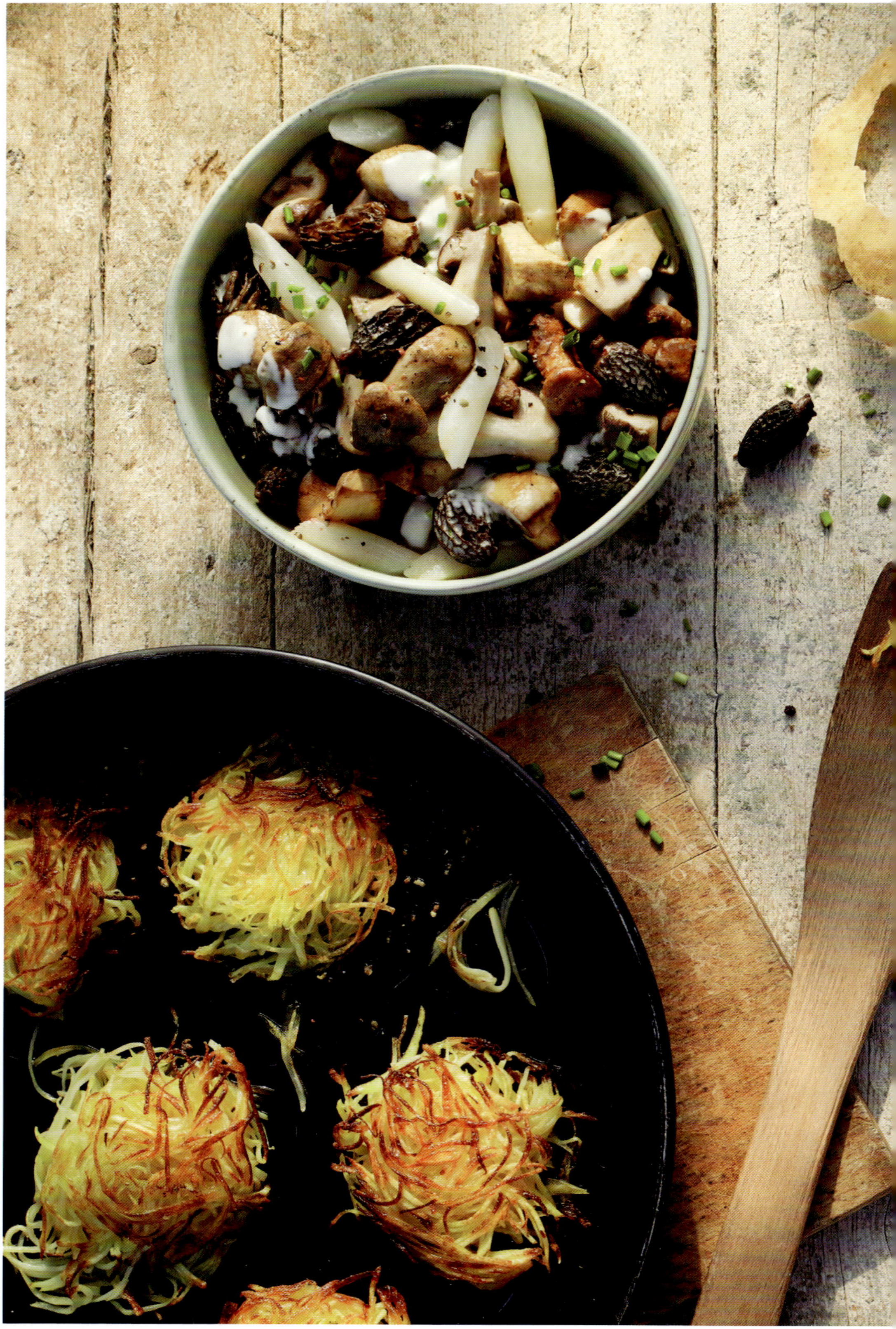

SPARGEL-PILZ-RAGOUT
mit Kartoffelrösti

Für 4 Portionen
1 kg Spargel
Salz
Zucker
250 g gemischte Pilze
1 El Butter
150 ml Sahne
1 El frisch gepresster
  Zitronensaft
Pfeffer
800 g festkochende Kartoffeln
4 El Öl
2 El fein geschnittener
  Schnittlauch

Den Spargel schälen und die holzigen Enden entfernen. Die Spargelstangen schräg in 3 cm lange Stücke schneiden. Die Spargelstücke in kochendem Salzwasser mit 1 Prise Zucker etwa 10 Minuten bissfest garen.

In ein Sieb abgießen und dabei den Kochfond auffangen. Die Pilze putzen und in mundgerechte Stücke schneiden. Die Butter in einer Pfanne zerlassen und die Pilze darin anbraten. Mit 200 ml Kochfond ablöschen und aufkochen. Die Sahne zugeben und etwa 5 Minuten bei mittlerer Hitzezufuhr köcheln lassen. Den Zitronensaft einrühren und alles mit Salz und Pfeffer würzen. Vom Herd nehmen und beiseitestellen.

Die Kartoffeln schälen und in dünne Scheiben schneiden oder hobeln. Die Kartoffelscheiben in sehr feine Streifen schneiden. Die Feuchtigkeit mit den Händen etwas ausdrücken und die Streifen in eine Schüssel geben. Mit etwas Salz und Pfeffer würzen.

Das Öl in einer Pfanne erhitzen. Jeweils ein Häufchen Kartoffelstreifen in die Pfanne geben und anbraten. Wenden, etwas andrücken und knusprig fertig braten. Auf diese Weise alle Kartoffelrösti braten.

In der Zwischenzeit das Pilzragout nochmals aufkochen, die Spargelstücke zugeben und etwa 5 Minuten bei geringer Hitzezufuhr köcheln lassen. Das Spargel-Pilz-Ragout mit den Rösti auf Tellern anrichten und mit dem Schnittlauch bestreuen.

Zubereitungszeit:
ca. 1 Stunde 10 Minuten
Pro Portion ca. 426 kcal/1788 kJ
12 g E, 25 g F, 38 g KH

Gemüse & Ei

SCHUPFNUDELN
auf Rhabarber

Für 4 Portionen
250 g mehligkochende Kartoffeln
Salz
2 El Kartoffelstärke
2 El Hartweizengrieß
1 Ei
frisch geriebene Muskatnuss
Pfeffer
300 g Rhabarber
40 g Butter
1 El Honig
Meersalz
4 frische Minzzweige

Außerdem
Mehl für die Arbeitsfläche

Die Kartoffeln schälen und in Salzwasser weich kochen. Das Wasser abgießen und die Kartoffeln auf dem Herd 5 Minuten bei schwacher Hitze ausdämpfen lassen, bis sie eine trockene Haut haben. Durch eine Kartoffelpresse drücken. Stärke, Grieß, Ei, Muskatnuss und Pfeffer zufügen und auf einer bemehlten Arbeitsfläche zu einem glatten Teig kneten. Aus dem Teig etwa 3 cm lange Stücke rollen.

Die Schupfnudeln in kochendem Salzwasser garen, bis sie nach oben steigen. Mit einer Schöpfkelle herausholen und gut abtropfen lassen.

Den Rhabarber waschen, putzen und in schräge Rauten schneiden.

Zum Servieren die Schupfnudeln und die Rhabarberstücke in der heißen Butter braten. Mit Honig und Meersalz würzen. Die Minze waschen, zupfen und das Gericht damit bestreut servieren.

Zubereitungszeit:
ca. 25 Minuten
Pro Portion ca. 192 kcal/804 kJ
4 g E, 10 g F, 21 g KH

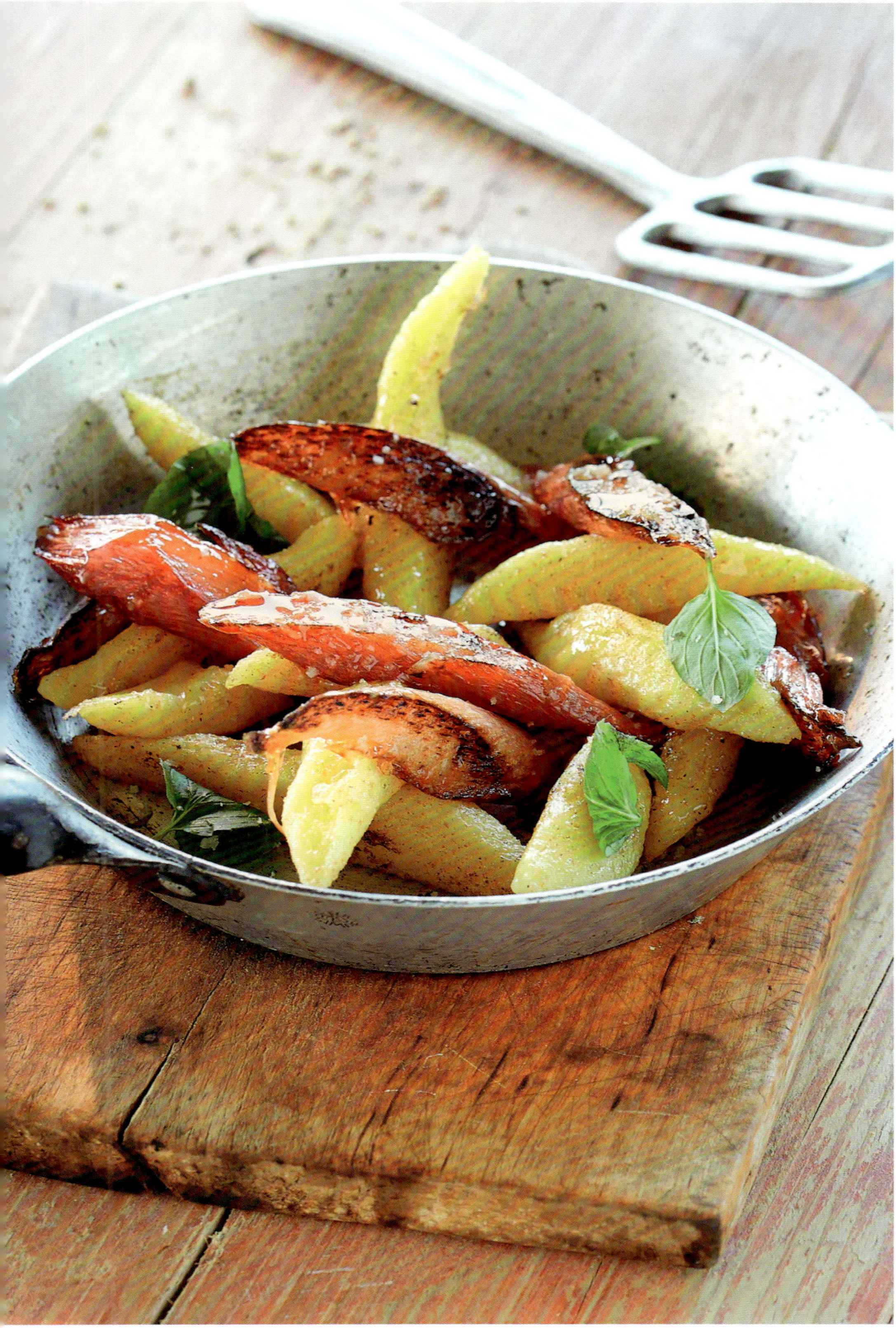

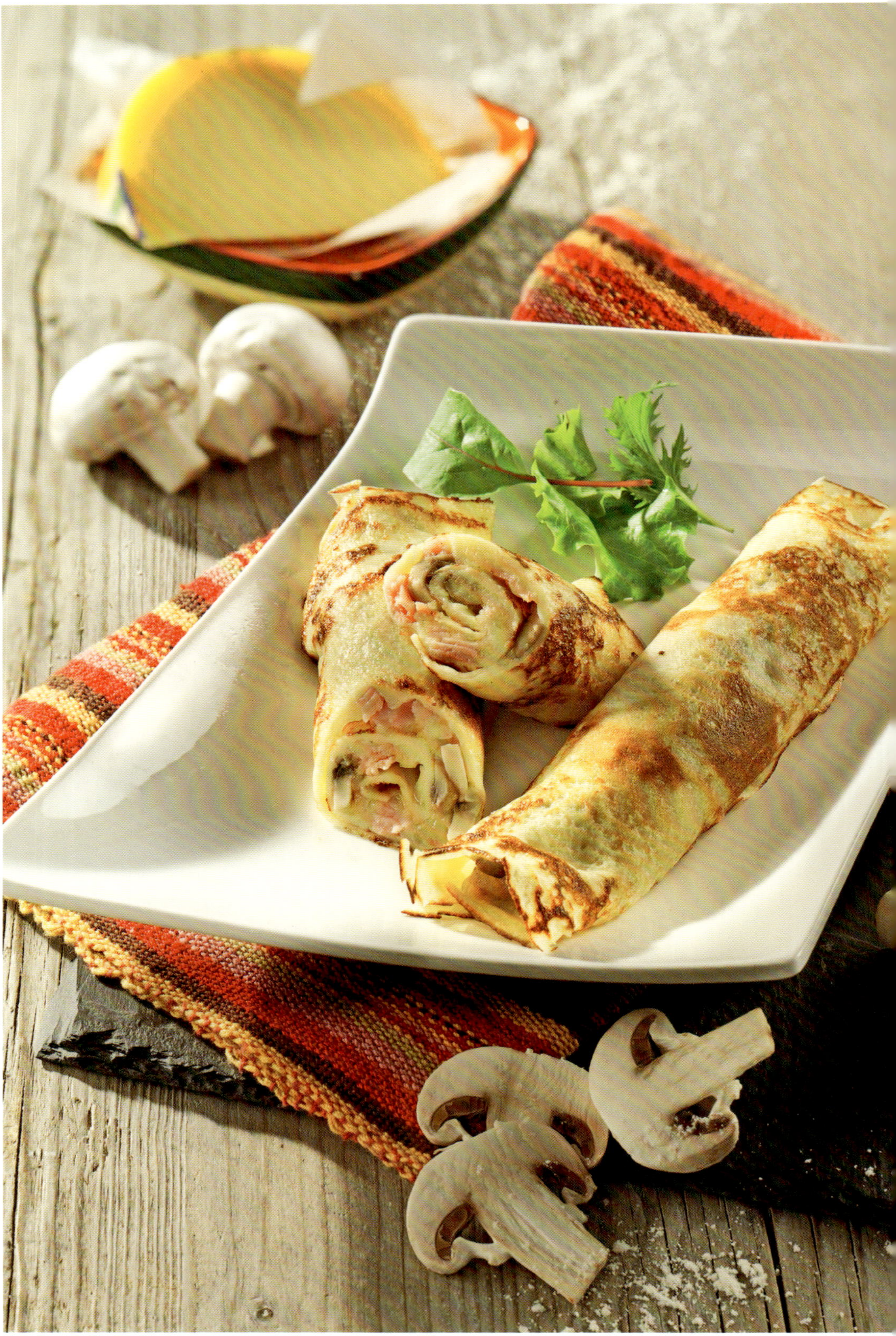

Gemüse & Ei

Pikante PFANNKUCHEN

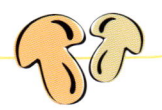

Mehl, Eier, 2 El vom Öl und die Milch in einer Rührschüssel gut verrühren. Das Ganze 10 Minuten quellen lassen. Champignons putzen und klein schneiden, den Schinken würfeln.

1/2 El Öl in einer Pfanne erhitzen und ein Viertel des Teiges hineingeben. Den Teig gleichmäßig auf dem Pfannenboden verteilen. Ein Viertel der Champignonscheiben und der Schinkenwürfel sowie 2 El Gouda daraufstreuen. Zugedeckt in 8–10 Minuten bei schwacher Hitze stocken lassen. Aus der Pfanne nehmen und aufrollen.

Aus dem restlichen Teig 3 weitere Wraps backen und warm servieren.

Für 4 Stück
100 g Weizenmehl
2 Eier
3 El Rapsöl
250 ml Milch
12 Champignons
4 Scheiben gekochter Schinken
8 El frisch geriebener Gouda

→ **UNSER TIPP**

Champignons schmecken am besten, wenn sie ganz frisch sind. Achten Sie deshalb beim Kauf darauf, dass die Pilze eine straffe Haut und keine dunklen Stellen haben.

Zubereitungszeit:
ca. 20 Minuten (plus Backzeit)
Pro Stück ca. 333 kcal/1394 kJ
16 g E, 18 g F, 26 g KH

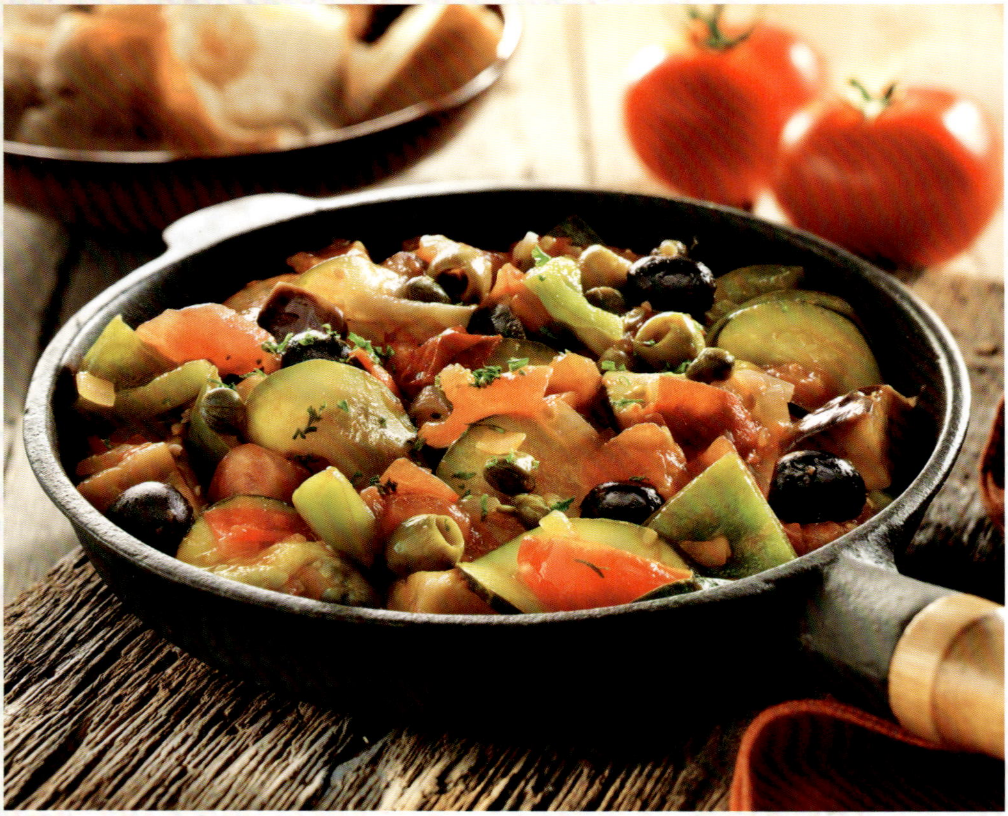
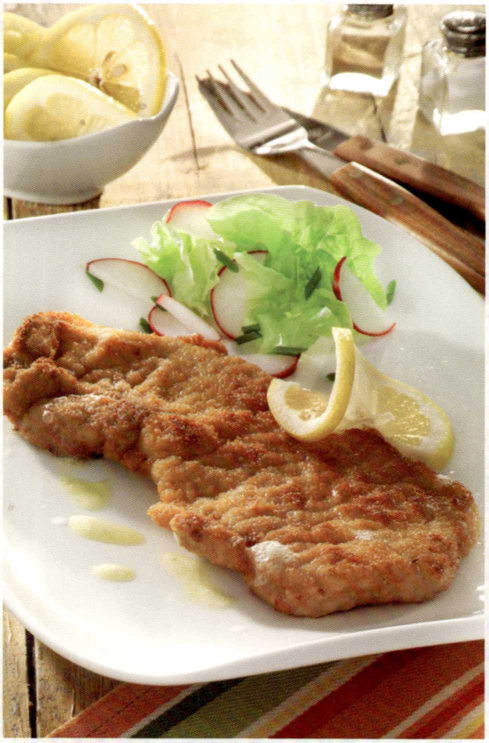
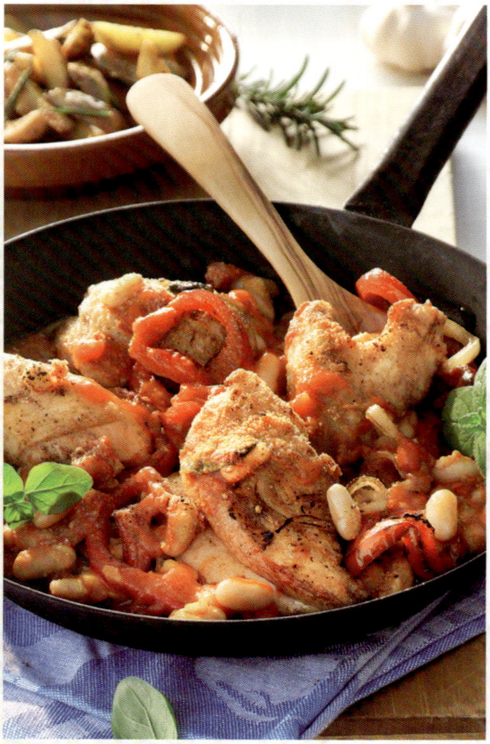

FLEISCH & GEFLÜGEL

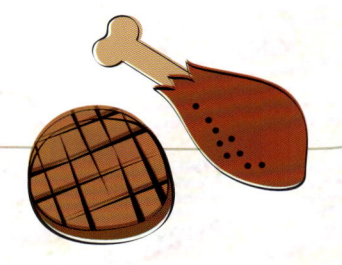

Fleisch & Geflügel

Saftige FRIKADELLEN

Für 4 Portionen
2 trockene Brötchen
1 Zwiebel
1 Knoblauchzehe
5 El Öl
250 g Rinderhack
250 g Schweinehack
1 Ei
1 Tl frisch gehackter Majoran
1 El frisch gehackte Petersilie
Salz
Pfeffer

Die Brötchen in Wasser einweichen. Zwiebel und Knoblauch schälen, die Zwiebel fein würfeln. 2 El Öl erhitzen und die Zwiebel hell anrösten. Knoblauch dazupressen und kurz mitdünsten. Abkühlen lassen.

Das Hackfleisch mit den Zwiebelwürfeln, dem Knoblauch und dem Ei verkneten. Die Brötchen gut ausdrücken.

Die ausgedrückten Brötchen zu der Hackfleischmasse geben. Die Kräuter hinzufügen und alles mit Salz und Pfeffer abschmecken. Alle Zutaten gründlich miteinander verkneten.

Aus der Hackfleischmasse Kugeln formen und flach drücken. Die Frikadellen im restlichen Öl beidseitig scharf anbraten. In ca. 6–8 Minuten bei reduzierter Hitze fertig braten.

Zubereitungszeit:
ca. 15 Minuten (plus Garzeit)
Pro Portion ca. 490 kcal/2052 kJ
31 g E, 31 g F, 21 g KH

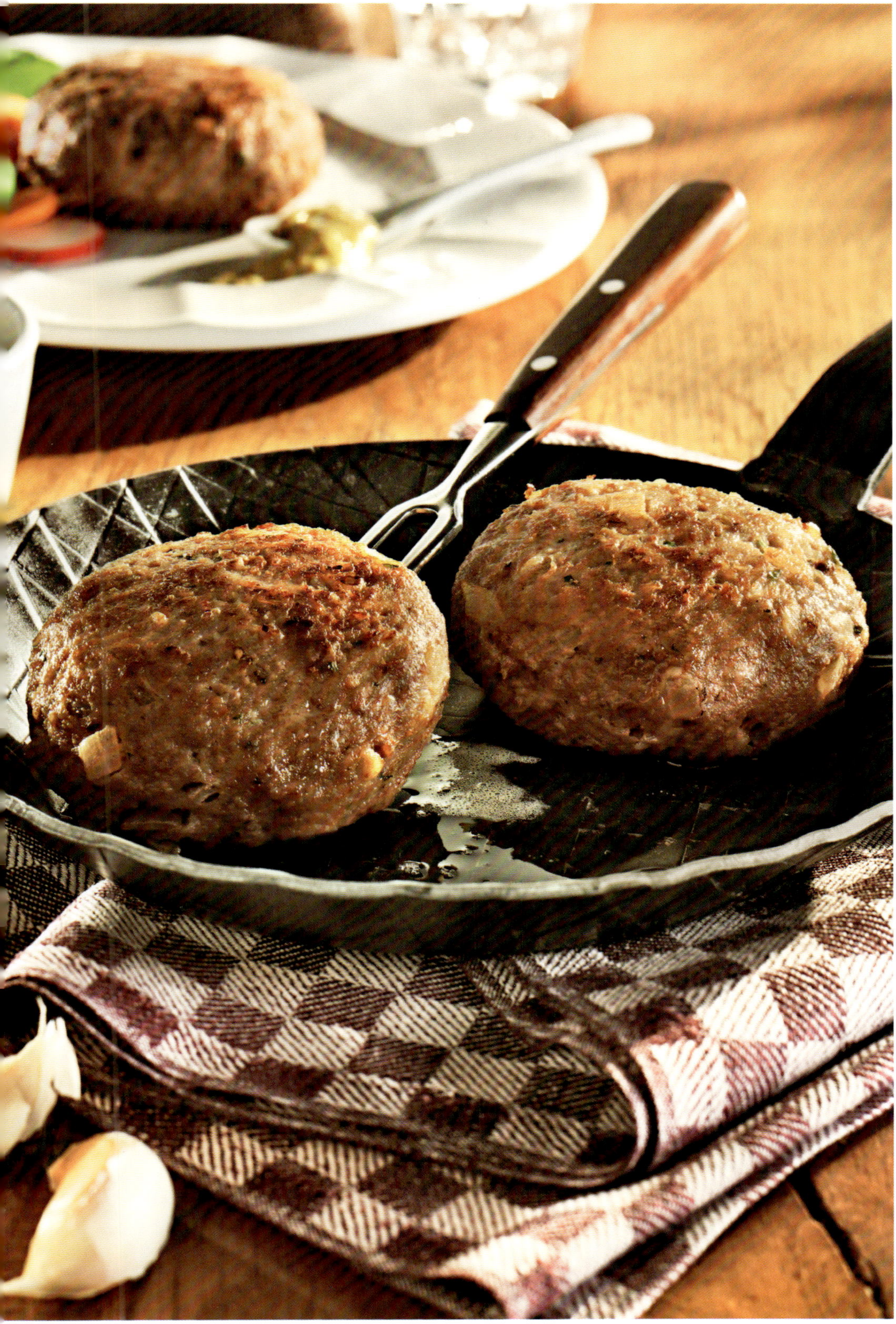

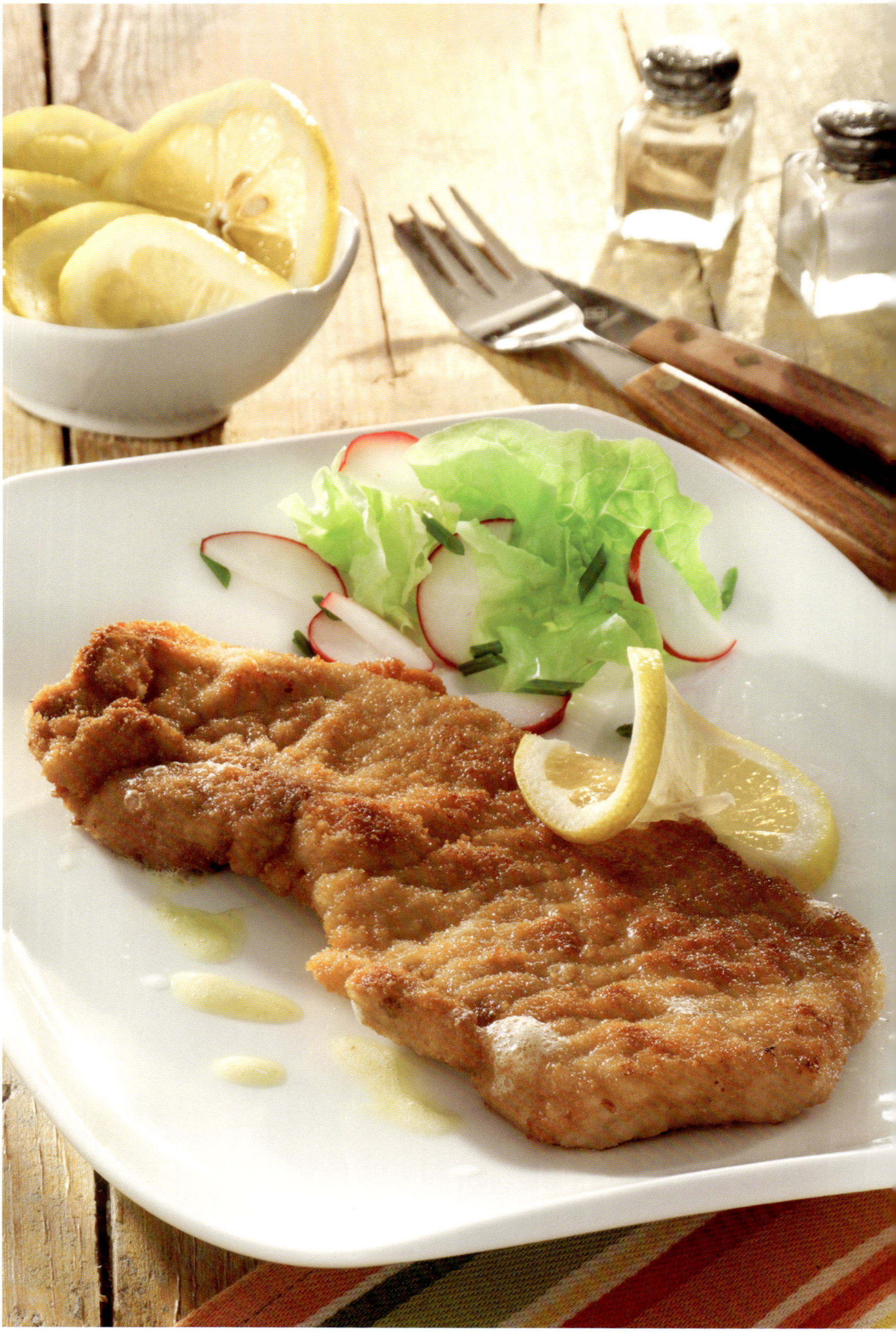

Fleisch & Geflügel

Klassisches
WIENER SCHNITZEL

Die Schnitzel waschen und gut trocken tupfen. Zwischen 2 Lagen Frischhaltefolie legen und mit einem Fleischklopfer oder einer Bratpfanne zart klopfen. Den Fleischrand mehrfach leicht einschneiden, dann die Schnitzel beidseitig salzen und pfeffern.

Mehl und Semmelbrösel getrennt auf flache Teller geben. Die Eier in einem tiefen Teller verquirlen. Die Schnitzel zuerst in Mehl wenden. Dann beidseitig durch die Eier ziehen. Zuletzt in den Semmelbröseln wenden. Die Brösel dabei mit der Hand leicht andrücken. Lose Brösel vorsichtig abklopfen.

Das Butterschmalz auf mittlerer Stufe erhitzen. Die Schnitzel darin von einer Seite ca. 4 Minuten braten. Währenddessen mehrmals mit Butterschmalz übergießen. Die Schnitzel wenden, auf der zweiten Seite ebenfalls 4 Minuten braten.

Dazu passen Salz- oder Bratkartoffeln.

Für 4 Portionen
4 Kalbsschnitzel (à 150 g)
Salz
Pfeffer
50 g Mehl
200 g Semmelbrösel
2 Eier
100 g Butterschmalz

→ UNSER TIPP
Die Pfanne darf nicht zu heiß sein, sonst verbrennt die Panade. Mehrfach mit Butterschmalz übergießen, damit sich die Panade schön wölbt.

Zubereitungszeit:
ca. 20 Minuten
Pro Portion ca. 480 kcal/2010 kJ
39 g E, 15 g F, 8 g KH

Fleisch & Geflügel

SCHINKENNUDELN
mit Emmentaler

Für 4 Portionen
500 g Nudeln nach Wahl
Salz
1 Zwiebel
1 Knoblauchzehe
150 g gekochter Schinken
150 g geräucherter Speck
2 El Öl
2 Eier
75 g frisch geriebener
    Emmentaler
Pfeffer
Paprikapulver
gehackte Petersilie
    zum Bestreuen

Die Nudeln in kochendem Salzwasser nach Packungsanweisung bissfest garen. Zwiebel und Knoblauchzehe schälen und fein würfeln. Den gekochten Schinken und den Speck würfeln.

Das Öl in einer Pfanne erhitzen und Zwiebel, Knoblauch, Schinken und Speck darin andünsten.

Die Eier mit dem Käse verrühren und mit Salz, Pfeffer und Paprikapulver würzen.

Die Nudeln abgießen und abtropfen lassen. Mit dem Ei-Käse-Gemisch zu Schinken und Speck geben und stocken lassen. Dabei gut rühren, damit nichts anbrennt. Mit gehackter Petersilie bestreut servieren.

Zubereitungszeit:
ca. 25 Minuten
Pro Portion ca. 875 kcal/3663 kJ
35 g E, 40 g F, 95 g KH

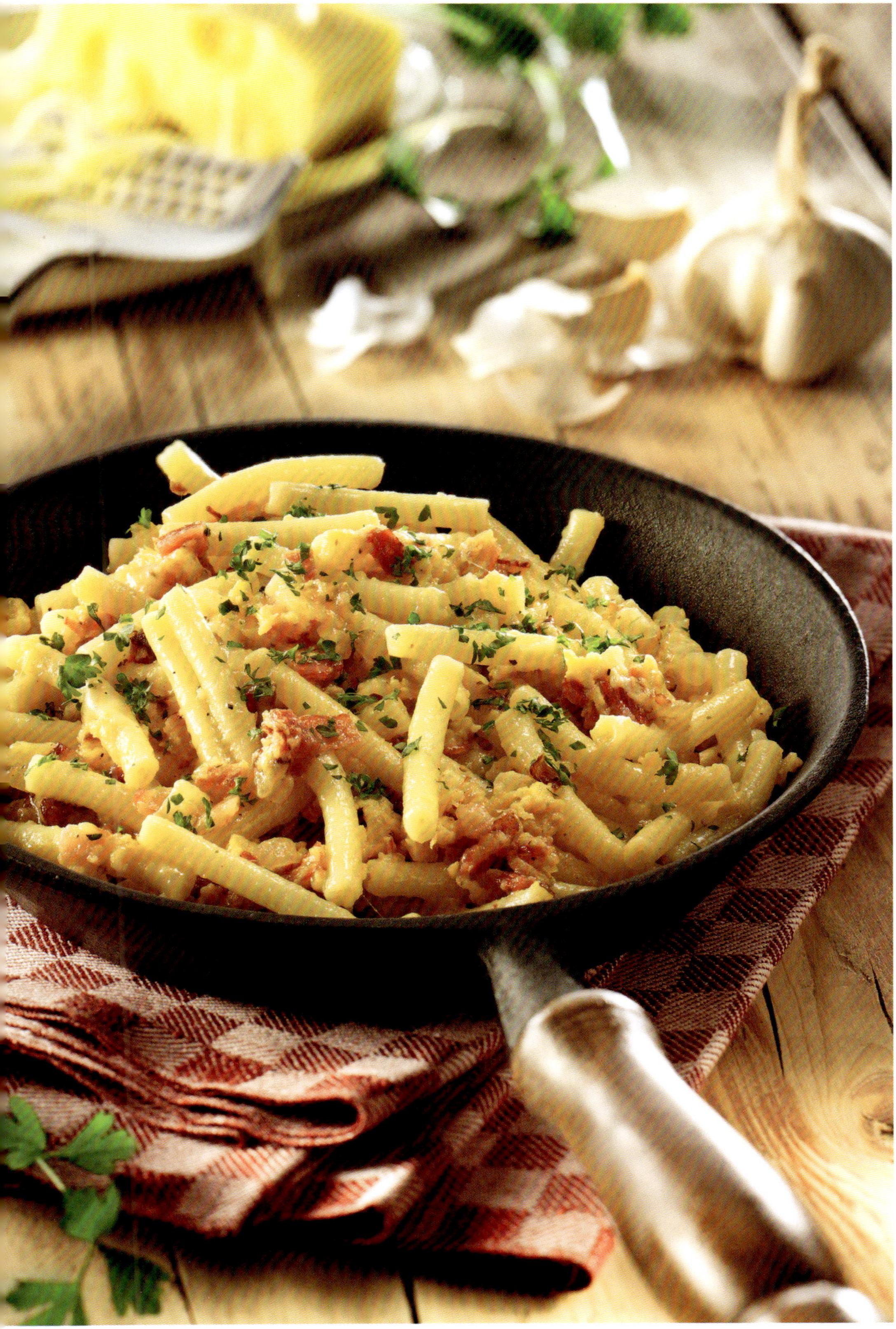

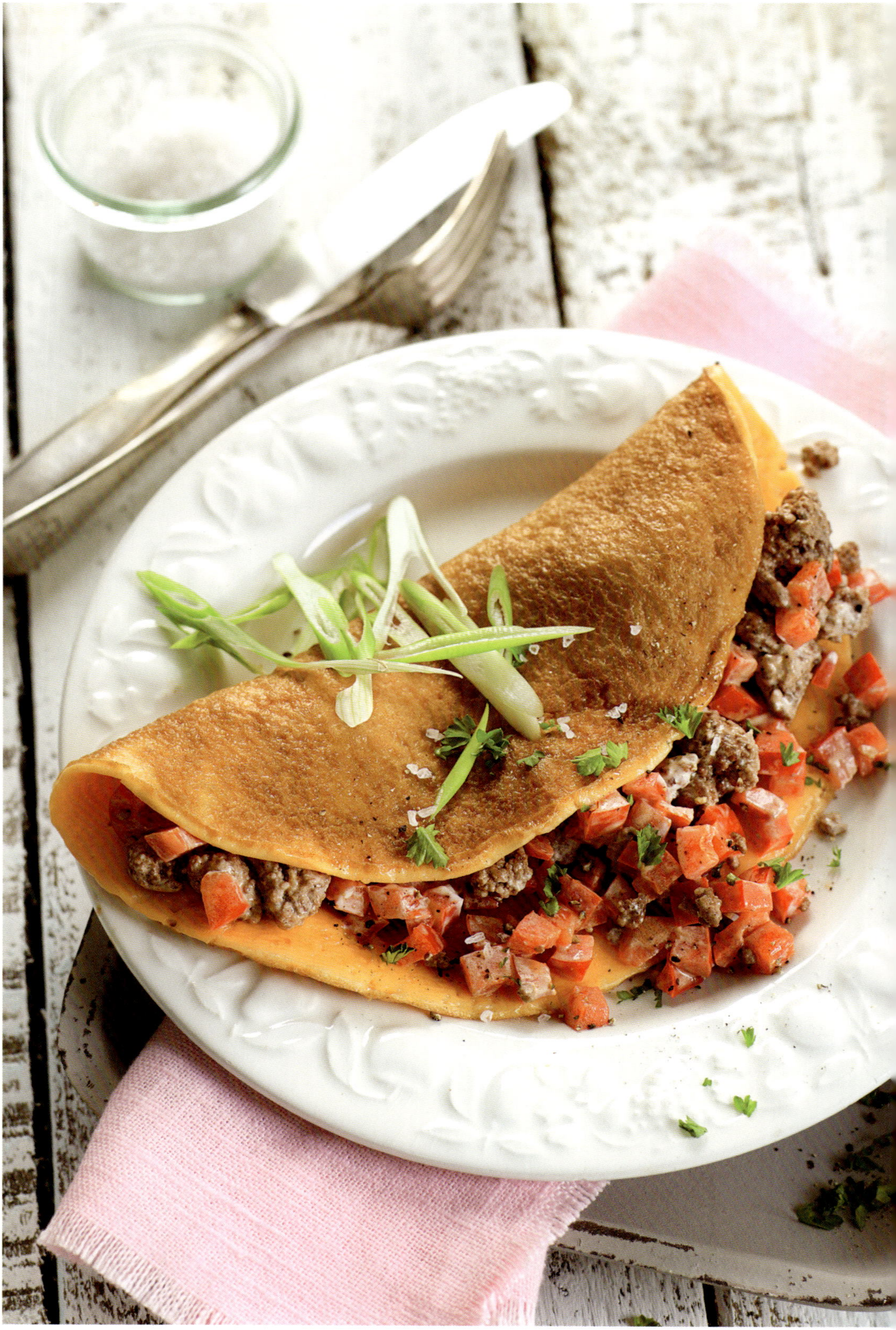

Fleisch & Geflügel

OMELETT
mit Hackfleischfüllung

Die Paprika halbieren, putzen, waschen und in feine Würfel schneiden. 4 El Öl erhitzen. Hackfleisch und Paprika darin ca. 6 Minuten scharf anbraten. Mit Salz und Pfeffer würzen, Joghurt unterrühren, aufkochen und warm halten.

Eier miteinander verquirlen und mit Salz und Koriander würzen. Eine Pfanne erhitzen, mit 1 El Öl ausstreichen, 1/4 der Eimasse dazugeben und ein Omelett stocken lassen. 3 weitere Omeletts backen. Jedes Omelett auf einen Teller geben und mit Hackfleischfüllung füllen.

Für 4 Portionen
4 rote Paprikaschoten
8 El Rapsöl
400 g Rinderhackfleisch
Salz
Pfeffer
200 g Naturjoghurt (3,8 % Fett)
8 Eier
1/2 Tl gemahlener Koriander

→ **UNSER TIPP**

Hackfleisch ist leicht verderblich: Es verträgt keine langen Einkaufswege und sollte am besten am Tag des Kaufes verarbeitet werden.

Zubereitungszeit:
ca. 30 Minuten
Pro Portion ca. 611 kcal/2558 kJ
38 g E, 47 g F, 8 g KH

Fleisch & Geflügel

KALBSGESCHNETZELTES
Züricher Art mit Rösti

Für 4 Portionen
1 Zwiebel
1 Knoblauchzehe
800 g Kalbfleisch (z. B. Filet, Schnitzel oder aus der Oberschale)
60 g Butterschmalz
2 El Mehl
200 ml trockener Weißwein
200 ml Sahne
Salz
Pfeffer

Für die Rösti
800 g gekochte festkochende Pellkartoffeln vom Vortag
Salz
Pfeffer
60 g Butter

Zubereitungszeit:
ca. 40 Minuten
Pro Portion ca. 785 kcal/3287 kJ
58 g E, 84 g F, 21 g KH

Die Zwiebel und den Knoblauch abziehen und sehr fein hacken. Das Kalbfleisch unter kaltem Wasser abbrausen, trocken tupfen und in schmale Streifen schneiden.

Das Butterschmalz in einer großen Pfanne erhitzen und das Fleisch portionsweise unter häufigem Wenden von allen Seiten anbraten, bis es rundherum braun ist. Das Fleisch herausnehmen und beiseitestellen. Mit dem restlichen Fleisch ebenso verfahren. Das portionsweise Anbraten ist wichtig, damit alle Fleischstücke in der Pfanne scharf angebräunt werden und nicht nur „in zweiter Reihe" vor sich hinschmoren.

Die Zwiebel mit dem Knoblauch im Bratfett glasig dünsten, das Mehl darüberstäuben, kurz bräunen, mit Weißwein und Sahne ablöschen. Das Fleisch nun wieder hinzufügen und mit Salz und Pfeffer würzen. Das Geschnetzelte auf kleiner Flamme warm halten.

Für die Rösti die Kartoffeln grob raspeln. Mit Salz und Pfeffer würzen. In einer Pfanne Butter zerlassen, Kartoffeln darin verteilen und etwas andrücken. Bei schwacher Hitze unter mehrmaligem Rühren ca. 10 Minuten braten.

Die Kartoffelmasse zu einem kompakten Fladen zusammendrücken. Nach Bedarf weitere Butter hinzufügen. Mit einem Teller bedeckt braten, bis sich auf der Unterseite eine goldgelbe Kruste gebildet hat. Den Fladen wenden und auf der zweiten Seite goldbraun braten. Rösti zum Geschnetzelten servieren.

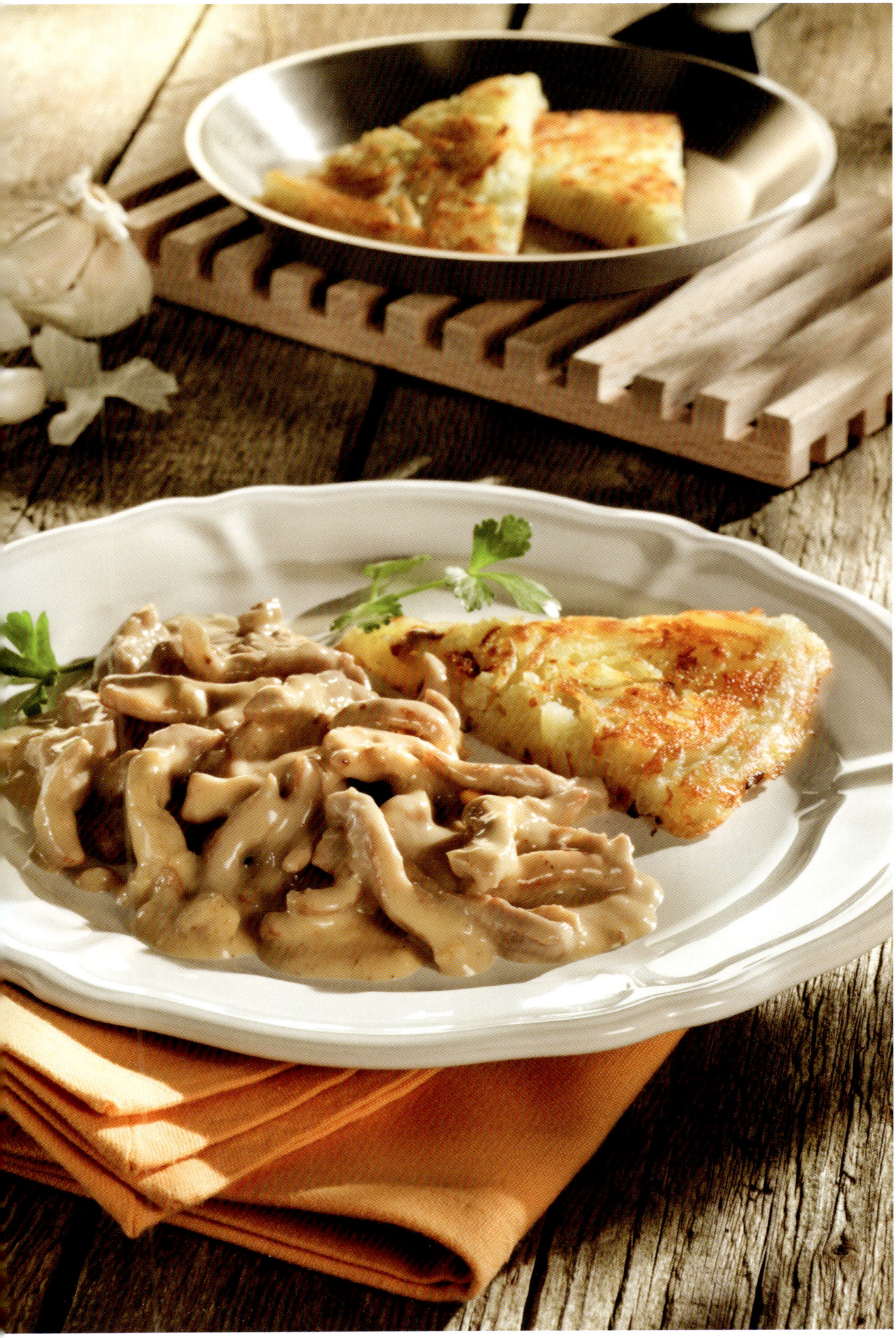

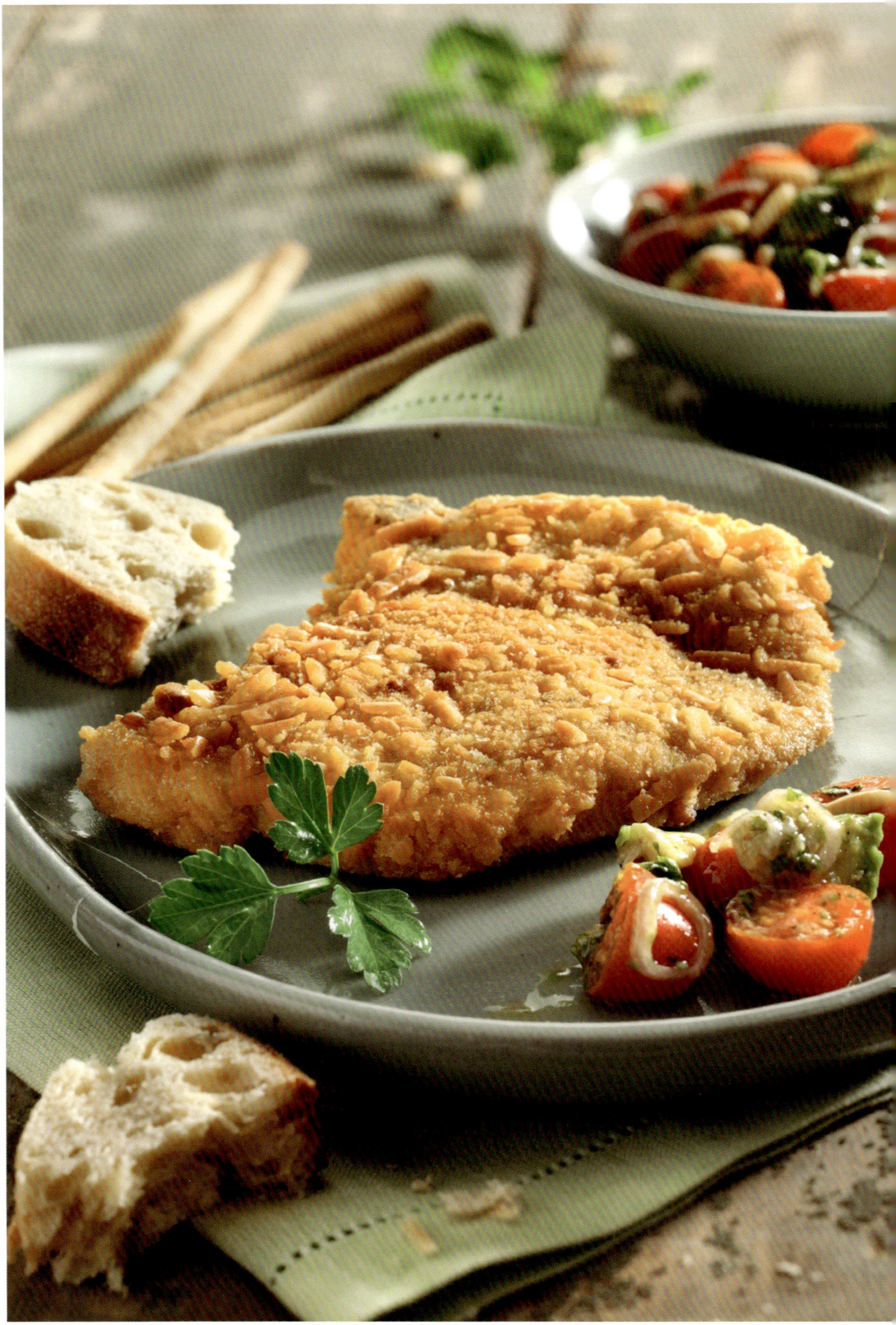

Fleisch & Geflügel

KNUSPERKOTELETTS
mit Tomaten-Avocado-Salat

Für den Salat die Pinienkerne in einer Pfanne ohne Fett unter Rühren goldgelb rösten. Vom Herd nehmen und abkühlen lassen. Die Kirschtomaten waschen, trocknen, die Stielansätze entfernen und die Früchte je nach Größe vierteln oder halbieren. Die Schalotten schälen und in feine Ringe schneiden. Die Petersilie waschen, trocken schleudern und die Blättchen hacken. Die Sardellen abspülen, trocken tupfen und fein hacken. Alles in einer Schüssel mischen.

Für das Dressing Olivenöl mit Zitronensaft verquirlen. Die Avocado schälen, das Fleisch vom Stein lösen und würfeln. Sofort in das Dressing geben. Salzen und pfeffern und die Chilischote dazubröseln. Alles unter die Tomatenmischung heben und bis zum Servieren durchziehen lassen.

Für die Koteletts die Grissini in Stücke brechen, in einen Gefrierbeutel geben, mit einem Nudelholz darüberrollen und zerbröseln. Den Parmesan reiben. Kapern abspülen und leicht hacken. Alles in einer Schale vermischen. Die Eier verquirlen und in eine zweite Schale geben. Das Mehl in eine dritte Schale geben.

Die Koteletts waschen, trocken tupfen, salzen und pfeffern. Erst im Mehl wenden, dabei überschüssiges Mehl abklopfen. Dann im Ei wenden und zum Schluss in der Panade. Ausreichend Olivenöl in 2 Pfannen erhitzen. Die Koteletts von jeder Seite ca. 6 Minuten braten, bis sie knusprig braun sind. Kurz auf Küchenkrepp abtropfen lassen. Die Koteletts mit dem Salat servieren. Dazu passt Ciabatta.

Für 4 Portionen

Für den Salat
100 g Pinienkerne
500 g Kirschtomaten
2 Schalotten
1 Bund glatte Petersilie
2 Sardellen
4 El Olivenöl
2 El Zitronensaft
1 Avocado
Salz
Pfeffer
1 getrocknete Chilischote

Für die Koteletts
125 g Grissini
50 g Parmesan
4 El kleine Kapern
2 Eier
4 El Mehl
4 Schweinestielkoteletts
  (à ca. 200 g)
Salz
Pfeffer
Olivenöl zum Ausbacken

Zubereitungszeit:
ca. 1 Stunde
Pro Portion ca. 875 kcal/3663 kJ
64 g E, 54 g F, 34 g KH

Fleisch & Geflügel

LEBERKÄSE
mit Spiegelei und Bratkartoffeln

Für 4 Portionen
750 g Kartoffeln
Salz
1 Zwiebel
5 El Butterschmalz
Pfeffer
4 Scheiben Leberkäse
2 El Butter
4 Eier
2 Gewürzgurken
Petersilie zum Garnieren

Die Kartoffeln am Vortag waschen und in kochendem Salzwasser in der Schale etwa 20 Minuten garen. Anschließend abgießen, abtropfen und abkühlen lassen. Am nächsten Tag die gekochten Kartoffeln pellen und in Scheiben schneiden. Die Zwiebel abziehen und in Ringe schneiden.

In einer gusseisernen Pfanne 3 Esslöffel Butterschmalz sehr heiß werden lassen, dann die Kartoffelscheiben hineingeben. Auf der Unterseite bräunen, dann durch Schwenken der Pfanne wenden. Die Zwiebelringe dazugeben und mitbraten. Die Kartoffelscheiben von allen Seiten knusprig braten. Mit Salz und Pfeffer abschmecken.

Das restliche Butterschmalz in einer Pfanne erhitzen und die Leberkäsescheiben darin von beiden Seiten goldbraun backen. Aus der Pfanne nehmen und warm stellen.

Die Butter in der Pfanne schmelzen und aus den Eiern nacheinander Spiegeleier braten. Mit Salz und Pfeffer würzen. Jede Leberkäsescheibe mit einem Spiegelei belegen und mit den Bratkartoffeln servieren. Die Gewürzgurken längs in Scheiben schneiden und dekorativ auf dem Teller verteilen. Mit Petersilie garnieren.

Zubereitungszeit:
ca. 35 Minuten (plus Garzeit)
Pro Portion ca. 781 kcal/3270 kJ
26 g E, 61 g F, 30 g KH

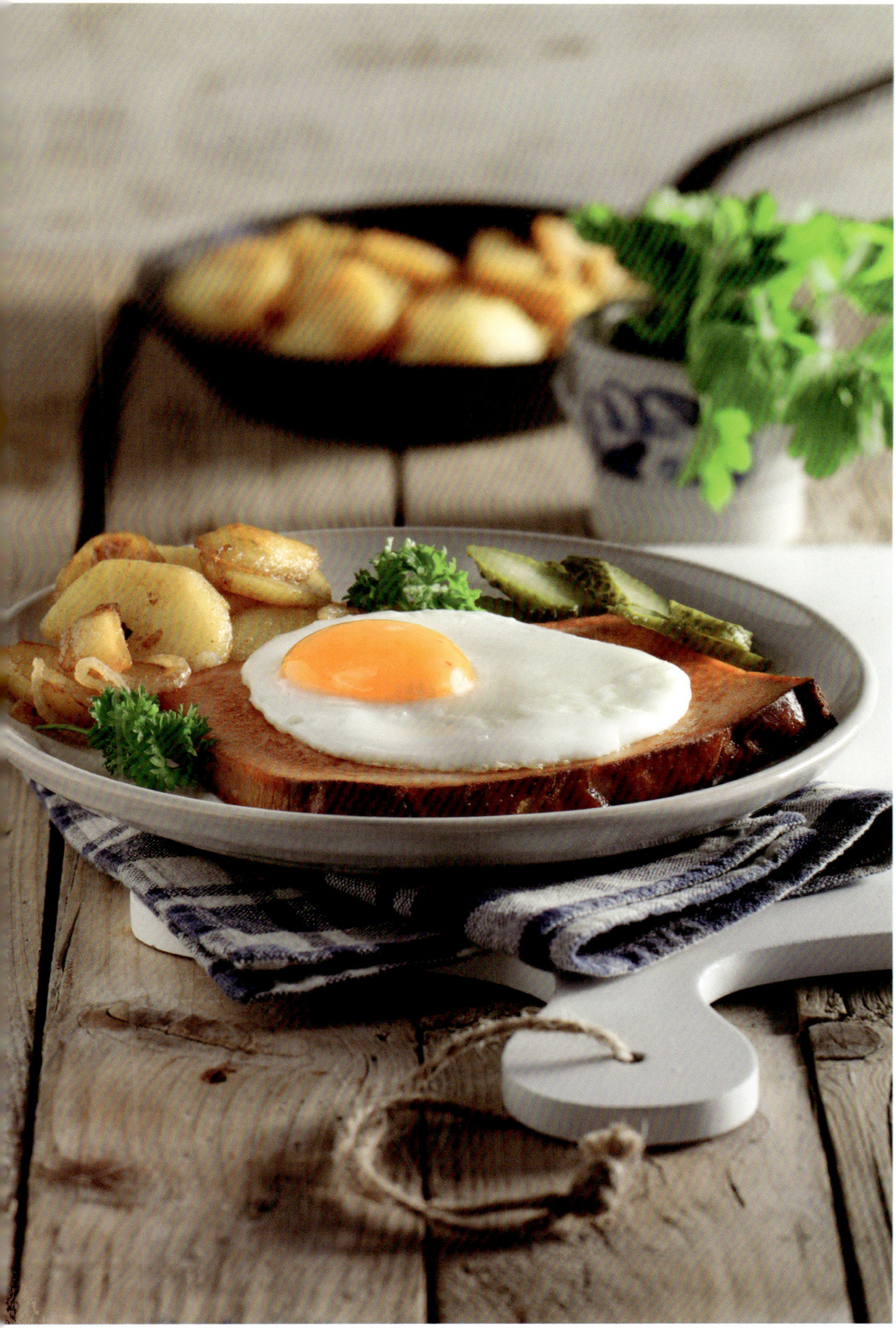

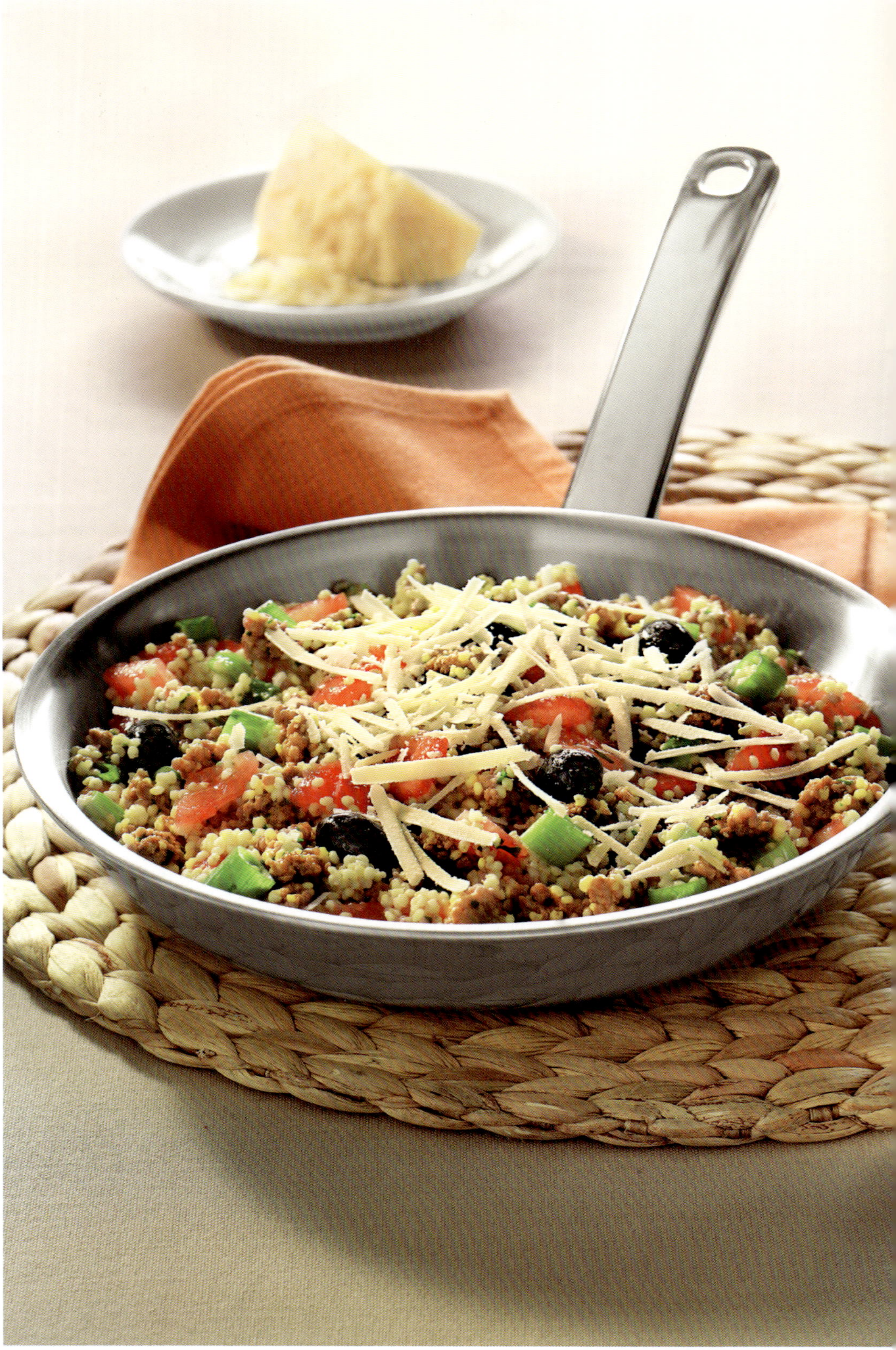

Fleisch & Geflügel

HACKFLEISCHPFANNE
mit Hirse, Tomaten und Oliven

Die Hirse in 650 ml kochendem Salzwasser abgedeckt etwa 25 Minuten garen. Die Tomaten häuten, entkernen und würfeln. Die Frühlingszwiebeln in Ringe schneiden. Den Knoblauch schälen und hacken. Die Kräuter fein hacken.

Das Öl in einer Pfanne erhitzen. Die Frühlingszwiebeln und den Knoblauch im heißen Öl andünsten. Das Hackfleisch zugeben und unter Rühren krümelig braten. Die Tomatenwürfel, Kräuter und Oliven zugeben, 5 Minuten mitschmoren und mit Salz, Zucker und Pfeffer abschmecken.

Die Pfannenmischung mit der gegarten Hirse vermengen und mit Parmesan bestreut servieren.

Für 4 Portionen
320 g Hirse
750 g Tomaten
3 Frühlingszwiebeln
2 Knoblauchzehen
1 Bund frischer Oregano
1/2 Bund Petersilie
2 El Olivenöl
500 g gemischtes Hack
100 g schwarze Oliven
Salz
1/2 Tl Rohrzucker
Pfeffer
125 g frisch geriebener Parmesan

→ **UNSER TIPP**

Die kleinen goldenen Hirsekörner enthalten zahlreiche wertvolle Mineralstoffe und Spurenelemente: So ist das gesunde Getreide unter anderem ein hervorragender Fluor- und Eisenlieferant.

Zubereitungszeit:
ca. 30 Minuten (plus Garzeit)
Pro Portion ca. 876 kcal/3668 kJ
44 g E, 47 g F, 64 g KH

Fleisch & Geflügel

LAMMKOTELETTS
mit Linsen-Avocado-Salat

Für 4 Portionen

Für die Lammkoteletts
1 Tl Pfefferkörner
1 Tl Kreuzkümmelsamen
1 Tl Koriandersamen
1 Tl Fenchelsamen
2 getrocknete Chilischoten
3 Knoblauchzehen
3 El Olivenöl
12 Lammkoteletts
Salz
Pfeffer

Für den Salat
250 g Beluga-Linsen
1 Bund glatte Petersilie
1/2 Bund Minze
1 rote Zwiebel
1 kleine Gurke
1 Avocado
2 El Zitronensaft
3 El Olivenöl
Salz
Pfeffer

Außerdem
Öl zum Braten

Zubereitungszeit:
ca. 30 Minuten
(plus Gar- und Marinierzeit)
Pro Portion ca. 1171 kcal/4903 kJ
55 g E, 92 g F, 33 g KH

Für die Lammkoteletts Gewürze und Chilischoten in einen Mörser geben und grob zerstoßen. Knoblauch schälen und in Scheiben schneiden. Alles mit Olivenöl verrühren. Die Lammkoteletts waschen, trocken tupfen und mit der Gewürzmischung einreiben und im Kühlschrank in Folie gewickelt ca. 2 Stunden marinieren. Dann aus dem Kühlschrank nehmen und in ca. 30 Minuten auf Zimmertemperatur erwärmen.

Für den Salat die Linsen abspülen, dann in einen Topf mit ausreichend kaltem Wasser geben. Bei mittlerer Hitze in ca. 20 Minuten gar kochen. Die Linsen in ein Sieb abgießen, abschrecken und abtropfen lassen. Petersilie und Minze waschen, trocken schütteln und die Blättchen hacken. Die Zwiebel schälen und sehr fein würfeln. Die Gurke waschen, putzen, schälen und längs halbieren. Mit einem Teelöffel die Kerne herausschaben, das Fruchtfleisch würfeln.

Linsen, Kräuter, Zwiebeln und Gurkenwürfel in einer Schüssel mischen. Die Avocado schälen, das Fruchtfleisch vom Stein schneiden und würfeln. Sofort mit dem Zitronensaft mischen. Zusammen mit dem Öl unter den Salat heben. Alles kräftig mit Salz und Pfeffer abschmecken.

Die Gewürze von den Lammkoteletts grob abstreifen. In 2 Pfannen jeweils etwas Öl erhitzen. Die Koteletts salzen und pfeffern und bei starker Hitze von jeder Seite ca. 3 Minuten braten. In Alufolie gewickelt ca. 3 Minuten ruhen lassen. Die Koteletts mit dem ausgetretenen Fleischsaft und dem Salat servieren.

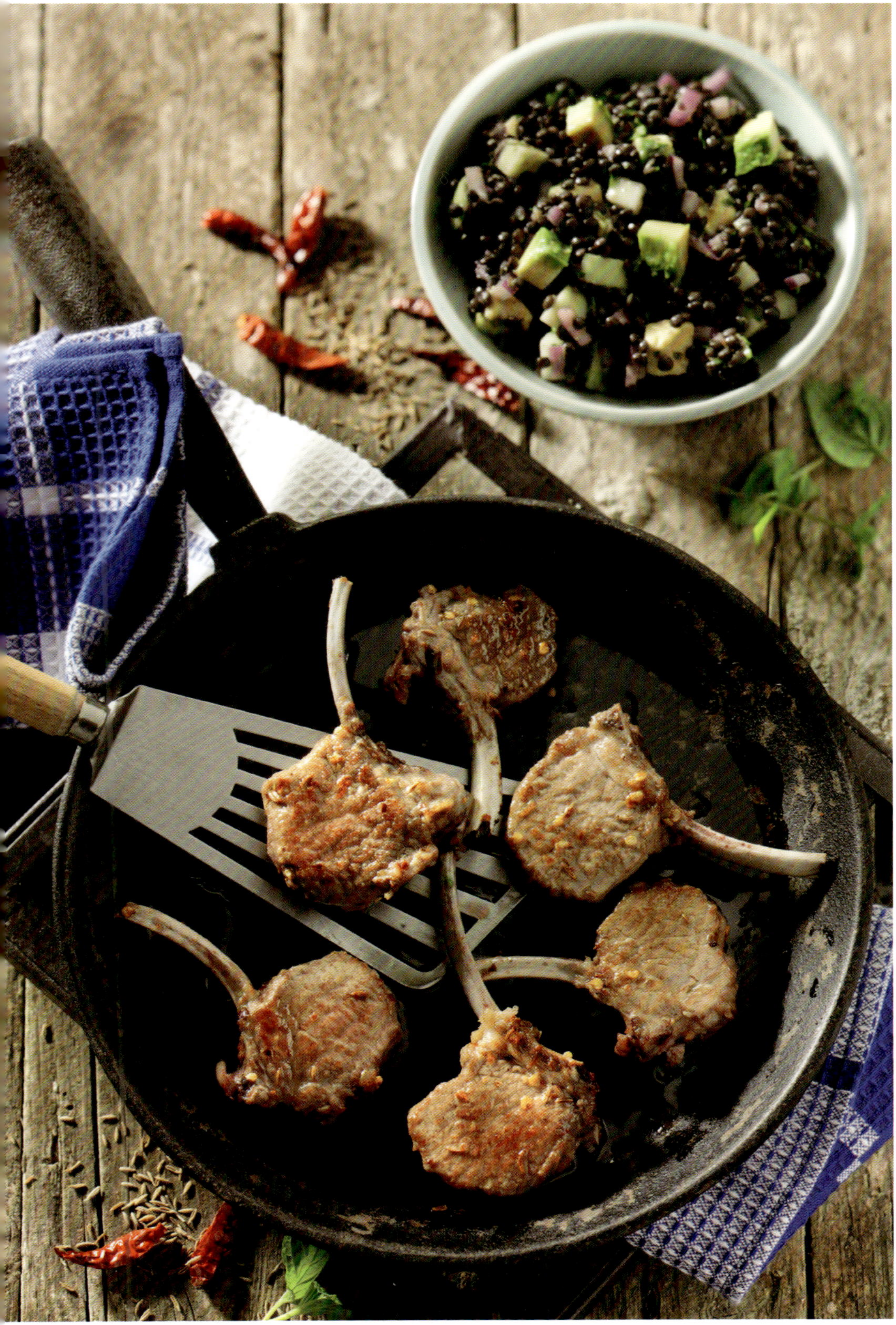

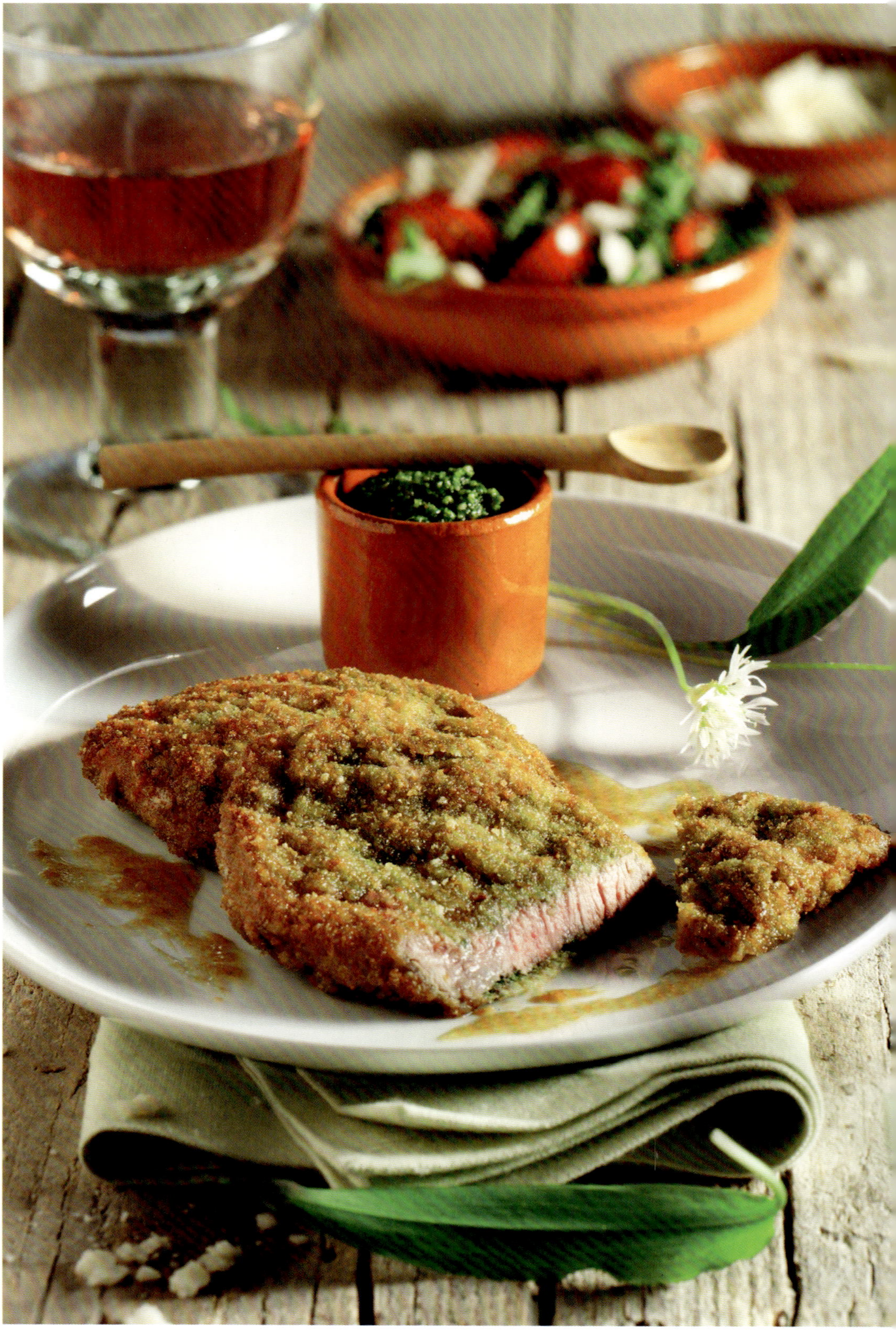

Fleisch & Geflügel

MINUTENSTEAKS
im Bärlauchmantel

Den Bärlauch waschen, trocken tupfen und die Blättchen grob hacken. Mit den Haselnüssen und dem Olivenöl zu einer Paste pürieren. Die Steaks waschen, trocken tupfen und mit der Paste bestreichen. Abgedeckt bei Zimmertemperatur ca. 1 Stunde marinieren lassen.

Die Eier in einem tiefen Teller verquirlen. Die Brötchen entrinden, zu Bröseln reiben und auf einen Teller geben (sind die Brötchen noch nicht trocken genug, in Scheiben schneiden und im Backofen kurz trocken rösten).

Für den Salat das Olivenöl mit Aceto Balsamico und Zitronensaft verschlagen. Mit Salz und Pfeffer pikant abschmecken. Den Rucola waschen, trocken schleudern und die Blätter in mundgerechte Stücke zupfen. Die Tomaten waschen, trocken reiben, die Stielansätze entfernen und die Früchte halbieren. Die Schalotten schälen und in feine Streifen schneiden. Alles mit dem Dressing vermischen. Den Parmesan grob raspeln und auf den Salat streuen.

Das Sonnenblumenöl in 2 Pfannen erhitzen. Die Steaks mit der Kräutermischung in den verquirlten Eiern wenden, dann salzen, pfeffern und in den Semmelbröseln wenden. Jede Seite etwa 3 Minuten goldgelb und knusprig braten. Die Steaks mit dem Rucolasalat servieren.

Für 4 Portionen

Für das Fleisch
1 Bund Bärlauch
50 g gemahlene Haselnüsse
3 El Olivenöl
8 Minutensteaks aus der Hüfte (à ca. 75 g)
2 Eier
2 altbackene Brötchen
100 ml Sonnenblumenöl
Salz
Pfeffer

Für den Salat
100 ml Olivenöl
2 El Aceto Balsamico
1 El Zitronensaft
Salz
Pfeffer
2 Bund Rucola
12 Kirschtomaten
2 Schalotten
75 g Parmesan

Zubereitungszeit:
ca. 40 Minuten
(plus Marinierzeit)
Pro Portion ca. 1050 kcal/4396 kJ
52 g E, 82 g F, 27 g KH

Fleisch & Geflügel

TORTILLAPFANNE
mit Chorizo

Für 4 Portionen
300 g Chorizo
8 Maistortillas
1 Zwiebel
3 Knoblauchzehen
1 grüne Chilischote
4 Stängel Koriander
2 große Tomaten
1 Avocado
etwas Limettensaft
100 g Cheddar
8 Eier
4 El Olivenöl
Zucker
Salz
Pfeffer
200 g Crème fraîche

Die Chorizo in dünne Scheiben schneiden. Tortillas in mundgerechte Stücke schneiden oder reißen. Die Zwiebel und die Knoblauchzehen schälen und fein hacken, die Chilischote halbieren, waschen, putzen und ebenfalls fein hacken.

Koriander waschen, trocken schütteln und die Blättchen grob hacken. Die Tomaten waschen, die Stielansätze entfernen und das Fruchtfleisch fein würfeln. Die Avocado halbieren, den Kern entfernen, schälen und das Fruchtfleisch in etwa 1 cm große Würfel schneiden. Sofort mit wenig Limettensaft verrühren, sodass die Avocado nicht braun wird. Den Cheddar reiben. Die Eier miteinander verquirlen.

Das Olivenöl in einer großen Pfanne auf mittlere Temperatur erhitzen. Tortillastücke und Chorizoscheiben darin anbraten, bis sie knusprig gebräunt sind. Zwiebeln, Knoblauch und Chili dazugeben und ca. 3 Minuten braten. Koriander, Tomaten und 1 Prise Zucker zugeben und noch einmal 3 Minuten braten.

Die Eier einrühren, mit Salz und Pfeffer abschmecken und so lange rühren, bis die Masse gestockt ist. Mit Cheddar, Avocado und Crème fraîche servieren.

Zubereitungszeit:
ca. 30 Minuten
Pro Portion ca. 1074 kcal/4497 kJ
39 g E, 91 g F, 32 g KH

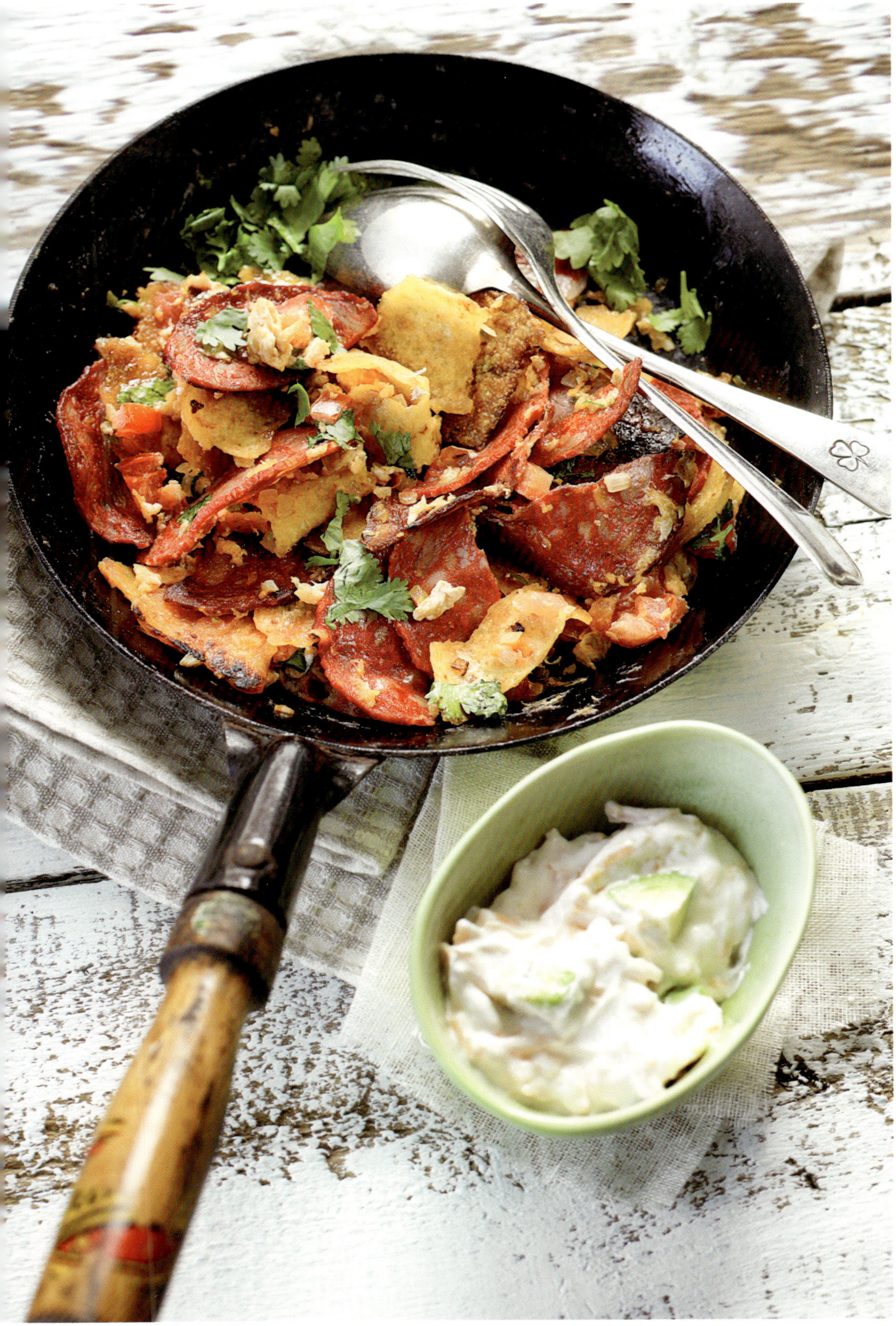

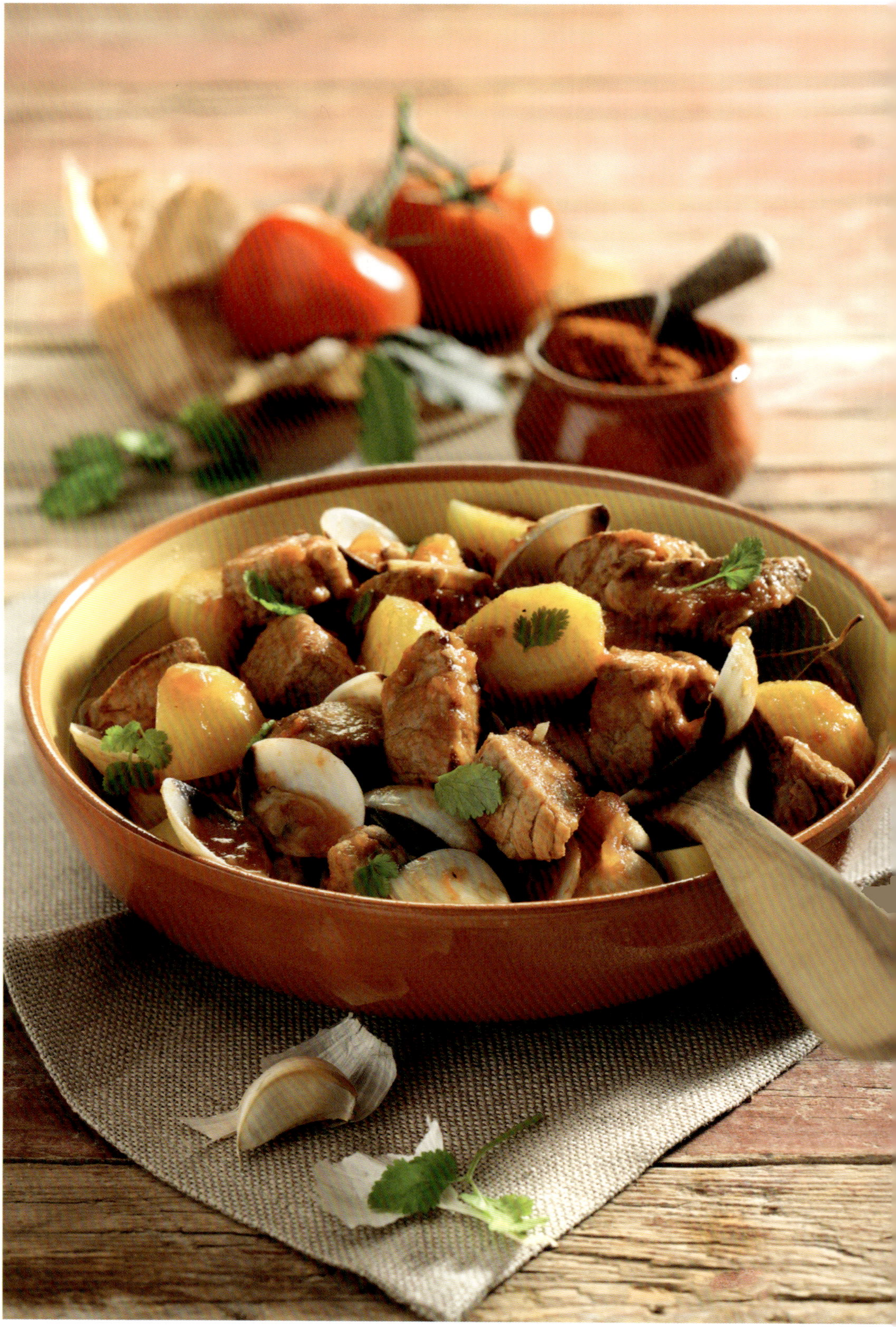

Fleisch & Geflügel

SCHWEINEFILETPFANNE
mit Kartoffeln und Venusmuscheln

Das Schweinefilet waschen, trocken tupfen, parieren und in Würfel von ca. 3 cm Kantenlänge schneiden. 2 Knoblauchzehen schälen und hacken. Das Fleisch in einen Gefrierbeutel geben. Knoblauch und Paprikapulver dazugeben. Dann den Weißwein dazugießen und die Lorbeerblätter einlegen. Den Beutel gut verschließen und das Fleisch mindestens 4 Stunden marinieren lassen. Dann in ein Sieb abgießen, die Marinade dabei auffangen.

Die Kartoffeln schälen und je nach Größe vierteln oder halbieren. In kochendem Salzwasser gar kochen, dann in ein Sieb abgießen und abtropfen lassen. Die Zwiebeln schälen und hacken. Die restlichen Knoblauchzehen ebenfalls schälen und hacken.

Das Fleisch trocken tupfen, salzen und pfeffern. Das Schweineschmalz in einer ausreichend großen Pfanne erhitzen und das Fleisch darin portionsweise von allen Seiten kräftig anbraten. Dann herausnehmen und die Zwiebeln im verbliebenen Bratfett anbraten. Den Knoblauch hinzufügen und die Tomaten und die aufgefangene Marinade dazugießen. Alles offen ca. 10 Minuten einkochen lassen. Das Fleisch wieder dazugeben.

Die Muscheln gründlich abspülen (geöffnete Exemplare entfernen) und ebenfalls in die Pfanne geben. Alles aufkochen lassen, dann mit geschlossenem Deckel ca. 10 Minuten weitergaren lassen, bis sich die Muscheln geöffnet haben (geschlossene Exemplare entfernen). Die Kartoffeln unterheben und in der Mischung erwärmen. Den Koriander waschen, trocken schütteln und die Blättchen abzupfen. Kurz vor dem Servieren unterheben.

Für 4 Portionen
700 g Schweinefilet
4 Knoblauchzehen
1 El Paprikapulver
300 ml Weißwein
2 Lorbeerblätter
700 g Kartoffeln
Salz
2 Zwiebeln
Pfeffer
5 El Schweineschmalz
1 Dose gehackte Tomaten
1 kg Venusmuscheln
1 Bund Koriander

Zubereitungszeit:
ca. 40 Minuten
(plus Gar- und Marinierzeit)
Pro Portion ca. 559 kcal/2340 kJ
57 g E, 16 g F, 31 g KH

Fleisch & Geflügel

Bunte GEMÜSE-LYONER-PFANNE

Für 4 Portionen
3 Zwiebeln
1 El Sonnenblumenöl
2 kleine Lauchstangen
3 Möhren
3 Tomaten
2 grüne Paprika
250 ml Gemüsebrühe
250 g Reis
Salz
1 Knoblauchzehe
400 g Lyoner
Pfeffer
1 Tl getrockneter Thymian
1 Tl getrockneter Oregano
1 Tl getrockneter Basilikum
2 El frisch gehackte Petersilie

Die Zwiebeln schälen und fein hacken. Das Öl in einer Pfanne erhitzen und die Zwiebeln darin glasig dünsten. Das Gemüse putzen, waschen und in Ringe bzw. kleine Stücke schneiden. In die Pfanne geben, Gemüsebrühe angießen und alles abgedeckt etwa 10 Minuten garen.

Inzwischen den Reis in kochendem Salzwasser bissfest garen. Dann abgießen und unter die Gemüsepfanne mischen. Knoblauch schälen und dazudrücken.

Die Lyoner von der Pelle befreien, längs halbieren und in Scheiben schneiden. Wurstscheiben unter das Gemüse und den Reis mischen und einige Minuten miterhitzen. Die Mischung mit Salz, Pfeffer und den Kräutern abschmecken. Mit frischer Petersilie bestreut servieren.

Zubereitungszeit:
ca. 40 Minuten (plus Garzeit)
Pro Portion ca. 640 kcal/2680 kJ
19 g E, 33 g F, 65 g KH

→ UNSER TIPP

Brühwürste wie die Lyoner sind aufgrund der niedrigen Erhitzungstemperatur nur begrenzt haltbar: Bewahren Sie sie deshalb gut gekühlt auf und verarbeiten Sie sie möglichst frisch.

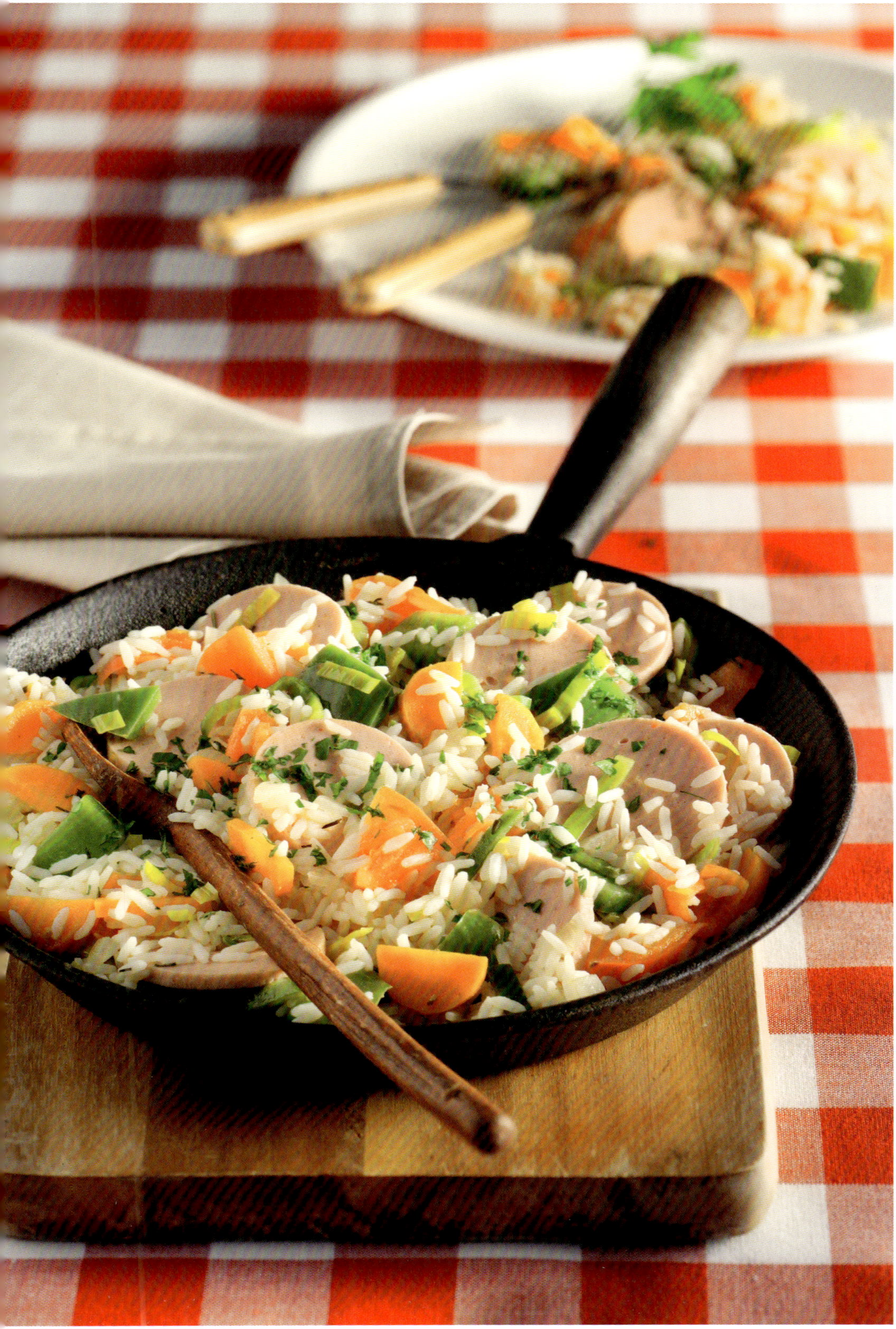

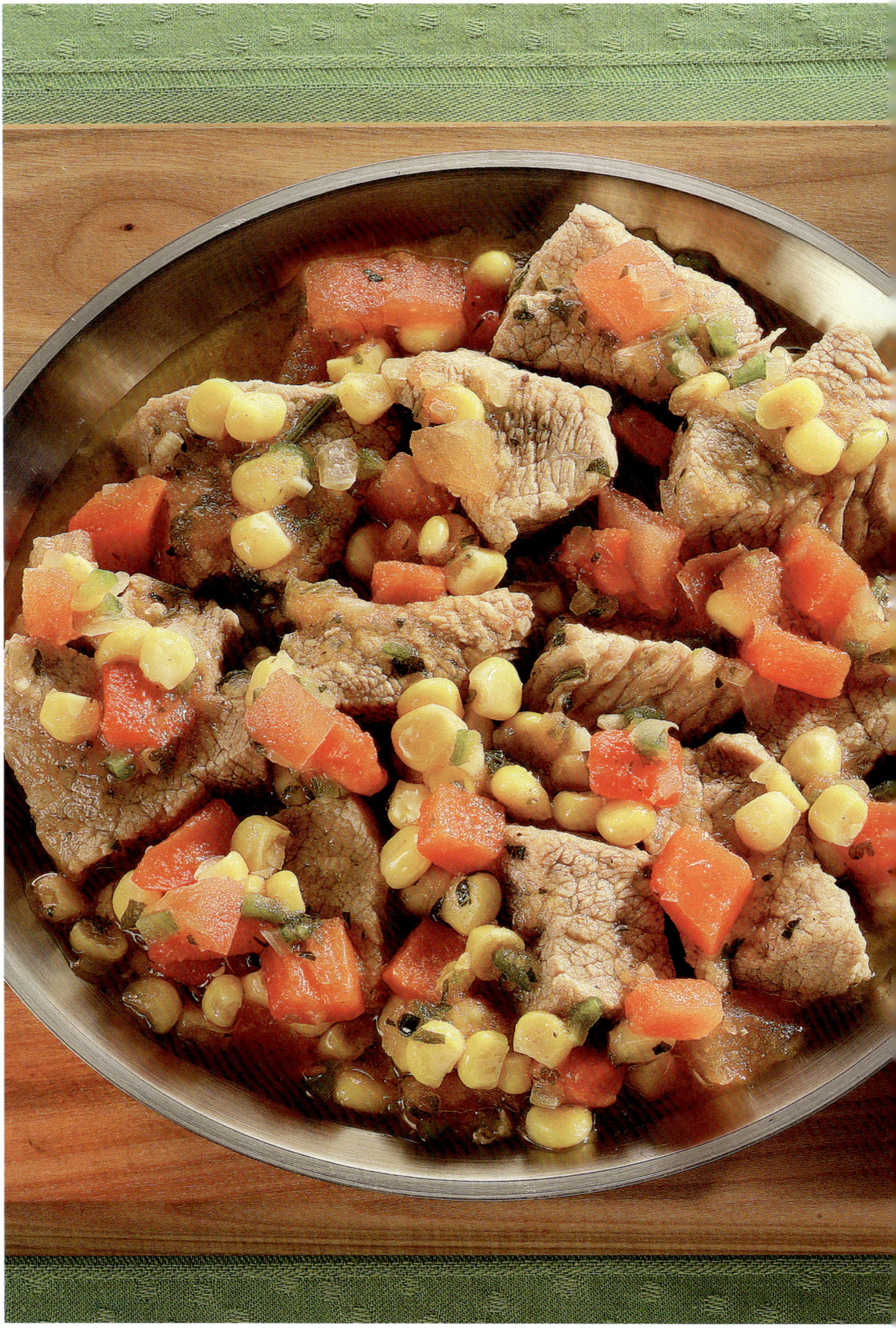

Fleisch & Geflügel

GEDÜNSTETES KALBFLEISCH
mit Mais und Peperoni

Kalbfleisch mit Salz, Pfeffer, 1 Knoblauchzehe und Petersilie vermischen, etwa 60 Minuten ziehen lassen.

Öl erhitzen und Fleisch darin rundherum langsam anbraten. Mit Zwiebel, Tomate und Paprika weiterbraten, bis die Zwiebel und die Paprikastücke weich sind. Brühe angießen, aufkochen und zugedeckt 40 Minuten köcheln lassen.

Mais in einem Sieb abtropfen lassen. Kreuzkümmel mit restlichem Knoblauch, Paprikapulver, Peperoni und 1 Msp. Salz pürieren und unter das Fleisch rühren. Die Tomaten 30 Sekunden mit kochendem Wasser überbrühen, anschließend häuten und klein schneiden. Tomatenstücke zum Fleisch geben und alles etwa 20 Minuten weiterköcheln lassen.

Nach 10 Minuten den Mais darunterheben und mitköcheln lassen, bis das Fleisch gar ist. Mit Bauernbrot servieren.

Für 4 Portionen
750 g grob gewürfeltes
   Kalbfleisch
Salz
Pfeffer
3 gehackte Knoblauchzehen
1 El gehackte Petersilie
2 El Olivenöl
1 gehackte Zwiebel
1 gehäutete, gewürfelte Tomate
1 gewürfelte Paprika
150 ml Hühnerbrühe
200 g Mais aus der Dose
1/2 Tl Kreuzkümmel
1/2 Tl Paprikapulver
1 gewürfelte grüne Peperoni
10 Eiertomaten

Zubereitungszeit:
ca. 15 Minuten (plus Garzeit und Zeit zum Ziehen)
Pro Portion ca. 398 kcal/1666 kJ
45 g E, 14 g F, 22 g KH

Fleisch & Geflügel

HACKFLEISCHBÄLLCHEN
mit Ei in Tomatensauce

Für 4 Portionen
600 g Lammhackfleisch
3 Zwiebeln
4 Knoblauchzehen
1/2 Bund Koriander
Pfeffer
Salz
6 El Olivenöl
1 Dose Tomatenpüree (400 ml)
1 El gemahlener Zimt
1 El gemahlener Kreuzkümmel
4 Eier
1 Fladenbrot

Das Hackfleisch in eine große Schüssel geben. Zwiebeln und Knoblauch schälen und klein würfeln. Den Koriander waschen, trocken schütteln und fein hacken.

Je die Hälfte der Zwiebeln, des Knoblauchs und des Korianders zum Hackfleisch geben und sehr gut durchkneten. Mit Pfeffer und Salz abschmecken und in walnussgroße Kugeln formen.

Die restlichen Zwiebeln samt Knoblauch in einer Pfanne im Olivenöl anbraten und das Tomatenpüree sowie die Gewürze hinzufügen. Mit Pfeffer und Salz abschmecken und 20 Minuten auf kleiner Flamme köcheln.

Die Hackfleischkugeln in die Tomatensauce geben und etwa 15 Minuten gar ziehen lassen. Die Eier aufschlagen, gleichmäßig auf dem Gericht verteilen und den Deckel schließen.

Sobald die Eier gestockt sind, das Gericht mit dem Koriander bestreuen und mit frischem Fladenbrot servieren.

Zubereitungszeit:
ca. 45 Minuten
Pro Portion ca. 669 kcal/2803 kJ
48 g E, 28 g F, 56 g KH

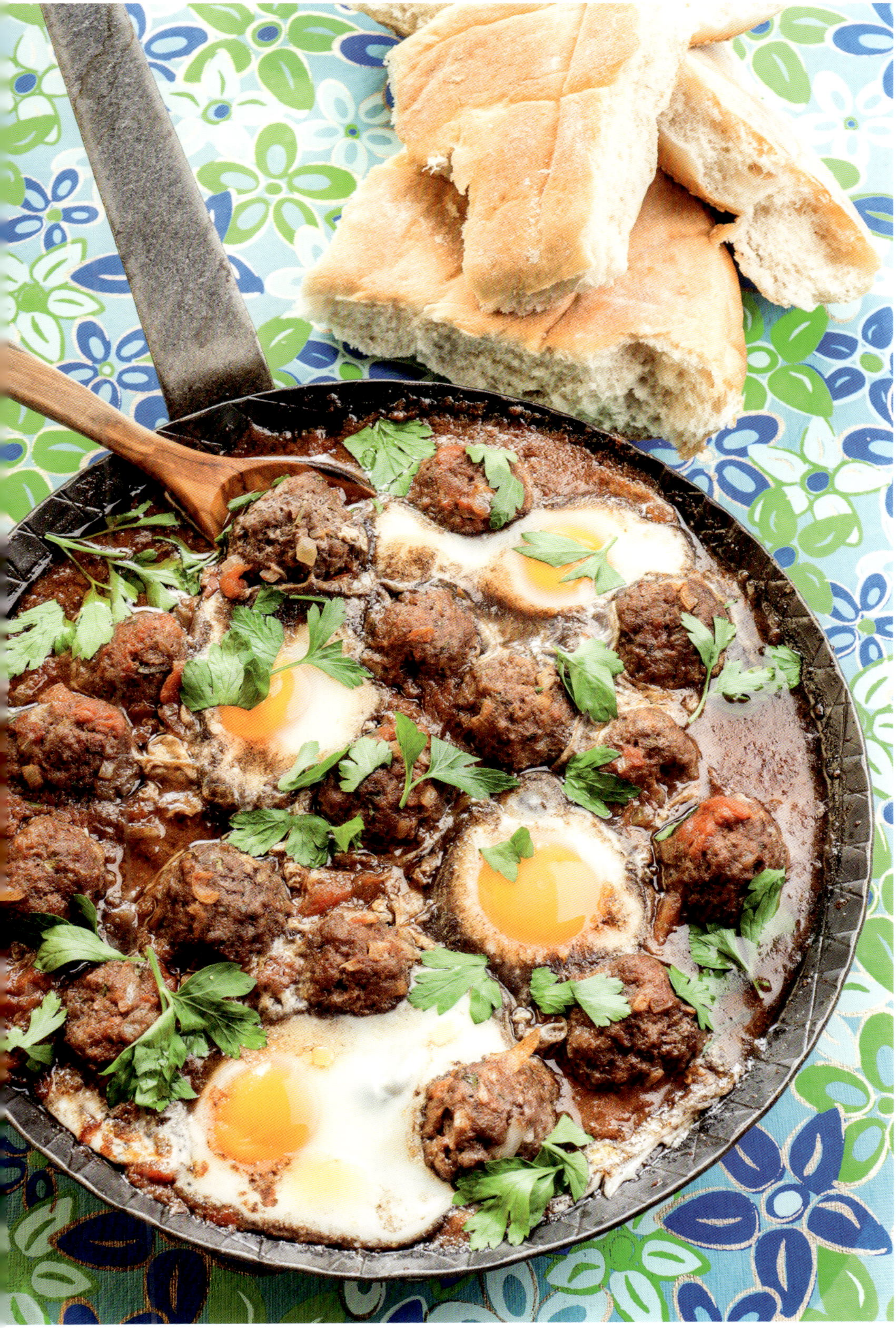

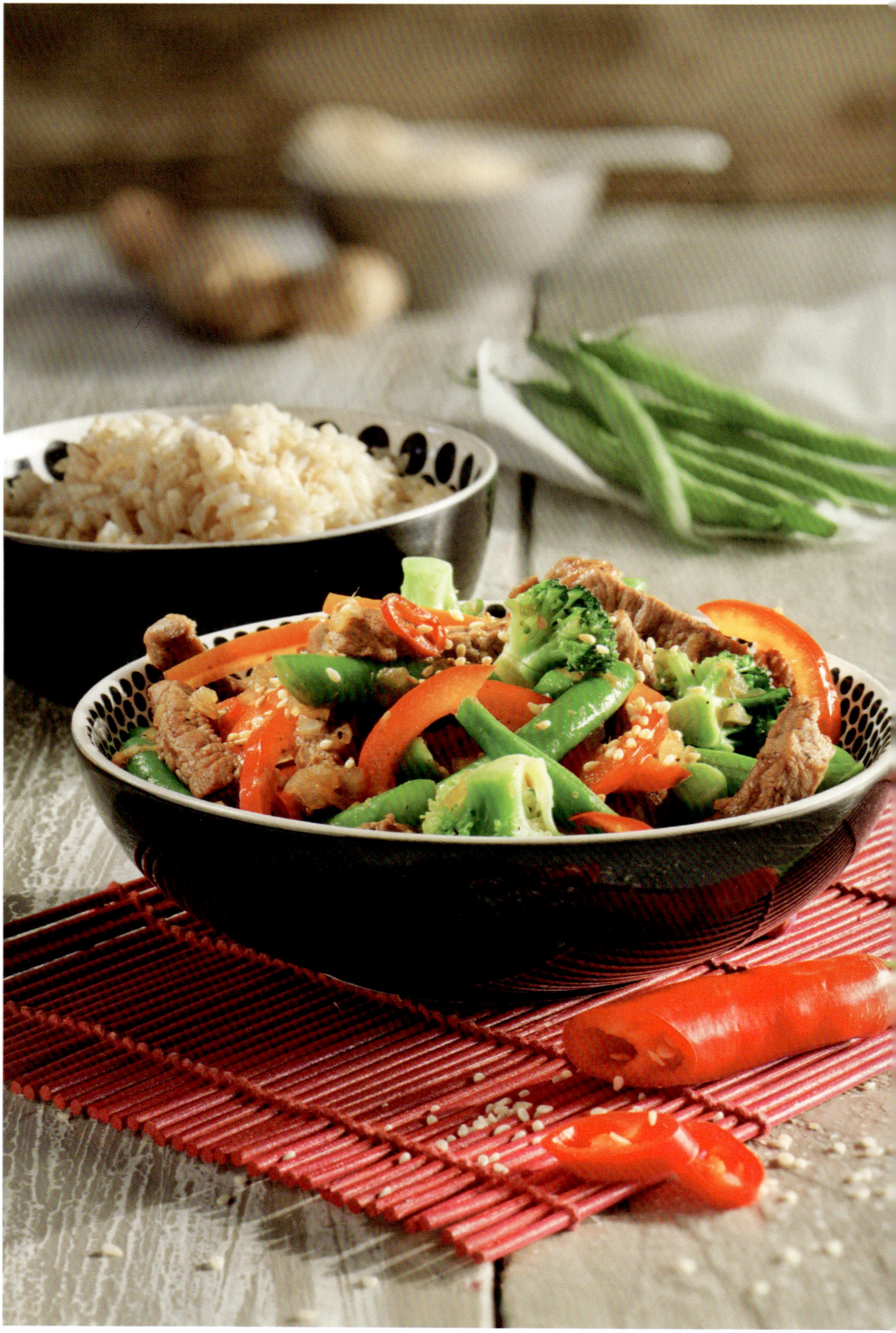

Fleisch & Geflügel

ASIA-GEMÜSEPFANNE
mit Rindfleisch und Reis

In einem Topf den Naturreis mit 500 ml Salzwasser zum Kochen bringen und bei schwacher Hitze 40-45 Minuten garen.

Währenddessen in einer Pfanne ohne Fett den Sesam anrösten und abkühlen lassen. Den Ingwer schälen und fein reiben. Das Rindfleisch trocknen und in dünne Streifen schneiden. Die Sojasauce mit dem Sesamöl und dem Ingwer in einer großen Schale verquirlen. Das Fleisch dazugeben, gut vermischen und abgedeckt marinieren lassen.

Den Brokkoli putzen, waschen und in Röschen teilen. Die Bohnen waschen und putzen, gegebenenfalls entfädeln und halbieren. Reichlich Salzwasser zum Kochen bringen und die Brokkoliröschen und die Bohnen in 3–4 Minuten bissfest kochen. Abschrecken und abtropfen lassen.

Die Zwiebel schälen und fein hacken. Die Paprika und die Chilischote putzen und waschen. Die Paprika in Streifen und die Chilischote in Ringe schneiden.

Das marinierte Fleisch abseihen, die Marinade dabei auffangen. Das Rapsöl in einer großen Pfanne erhitzen und das Fleisch darin kurz anbraten. Dann die Zwiebeln und das Gemüse dazugeben und 3–4 Minuten mitbraten. Die Marinade dazugießen, kurz aufkochen und vorsichtig mit Salz abschmecken. Die Gemüse-Fleisch-Pfanne auf Teller verteilen, mit dem Sesam bestreuen und mit dem Naturreis servieren.

Für 4 Portionen
250 g Naturreis
Salz
4 El Sesamsamen
1 walnussgroßes Stück Ingwer
400 g Rindfleisch
   (z. B. Lende zum Kurzbraten)
5 El Sojasauce
3 El Sesamöl
200 g Brokkoli
200 g zarte grüne Bohnen
1 Zwiebel
1 rote Paprika
1 rote Chilischote
2 El Rapsöl

Zubereitungszeit:
ca. 50 Minuten
Pro Portion ca. 610 kcal/2554 kJ
32 g E, 25 g F, 66 g KH

Fleisch & Geflügel

HÄHNCHEN
auf toskanische Art

Für 4 Portionen
1 küchenfertiges Hähnchen (ca. 1,5 kg)
1 Zwiebel
2 rote Paprikaschoten
1 Knoblauchzehe
2 El Olivenöl
300 g Tomatenstücke aus der Dose
150 ml Weißwein
1 Oreganozweig, die Blättchen abgezupft
Salz
Pfeffer
400 g gegarte Cannellinibohnen
1 altbackenes Brötchen

Das Hähnchen waschen, trocken tupfen und in acht Stücke schneiden. Die Zwiebel schälen und in dünne Ringe schneiden. Die Paprikaschoten putzen, waschen, entkernen und in Ringe schneiden. Die Knoblauchzehe schälen und hacken.

Das Öl in einer Pfanne erhitzen und die Hähnchenteile darin von allen Seiten gut anbraten. Aus der Pfanne nehmen. Zwiebel- und Paprikaringe in die Pfanne geben und weich schmoren. Den Knoblauch unterrühren. Die Hähnchenstücke zurück in die Pfanne geben. Die Tomaten hinzufügen, den Wein angießen und den Oregano einstreuen. Mit Salz und Pfeffer würzen. Aufkochen und abgedeckt etwa 30 Minuten köcheln, bis das Fleisch weich ist. Die gekochten Bohnen unterheben und alles weitere 5 Minuten unter Rühren köcheln.

Inzwischen den Backofengrill auf höchster Stufe vorheizen. Das Brötchen auf der Küchenreibe reiben. Über die Hähnchenpfanne streuen und das Ganze unter dem Grill goldbraun werden lassen. Sofort servieren.

Zubereitungszeit:
ca. 30 Minuten (plus Garzeit)
Pro Portion ca. 870 kcal/3643 kJ
85 g E, 43 g F, 28 g KH

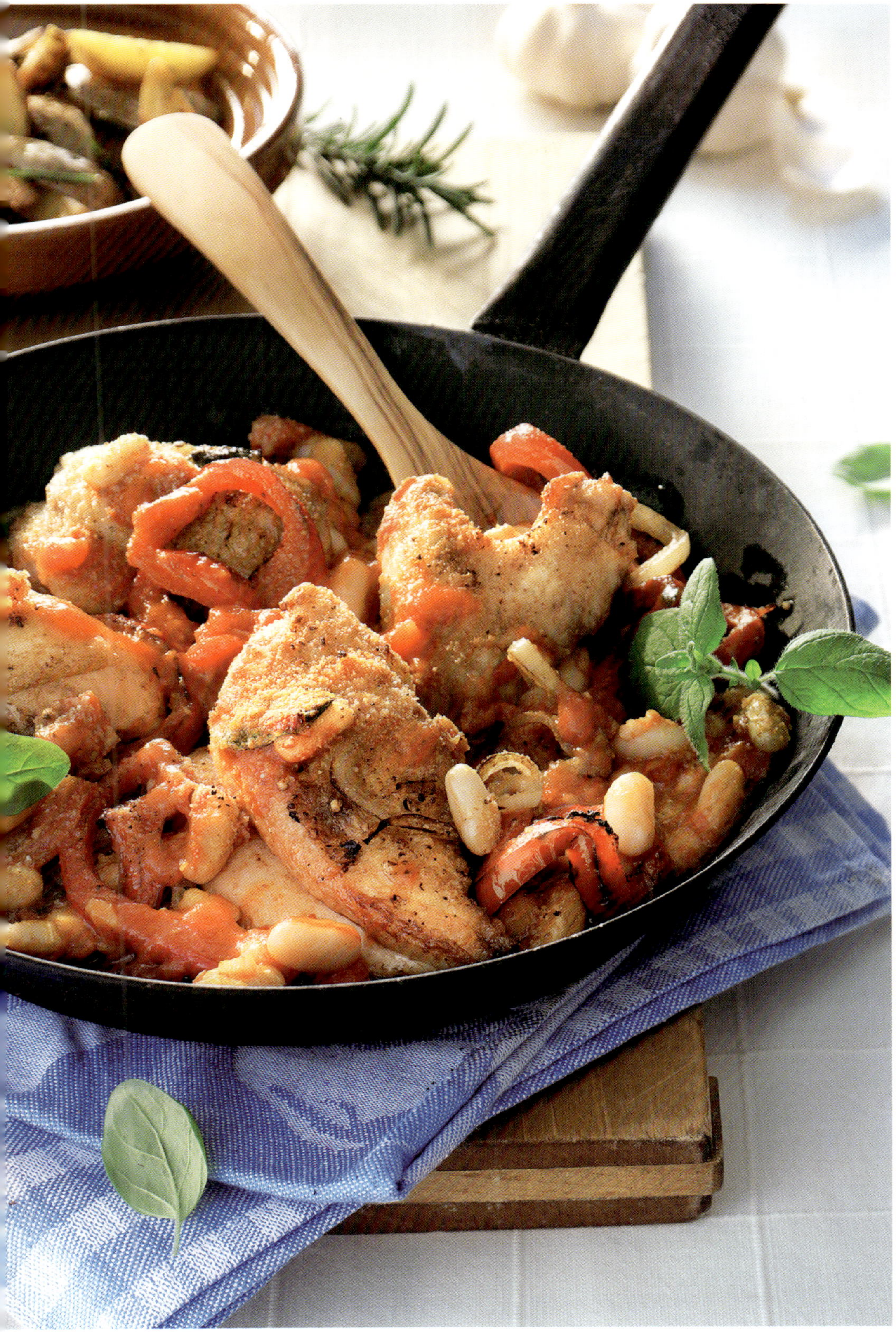

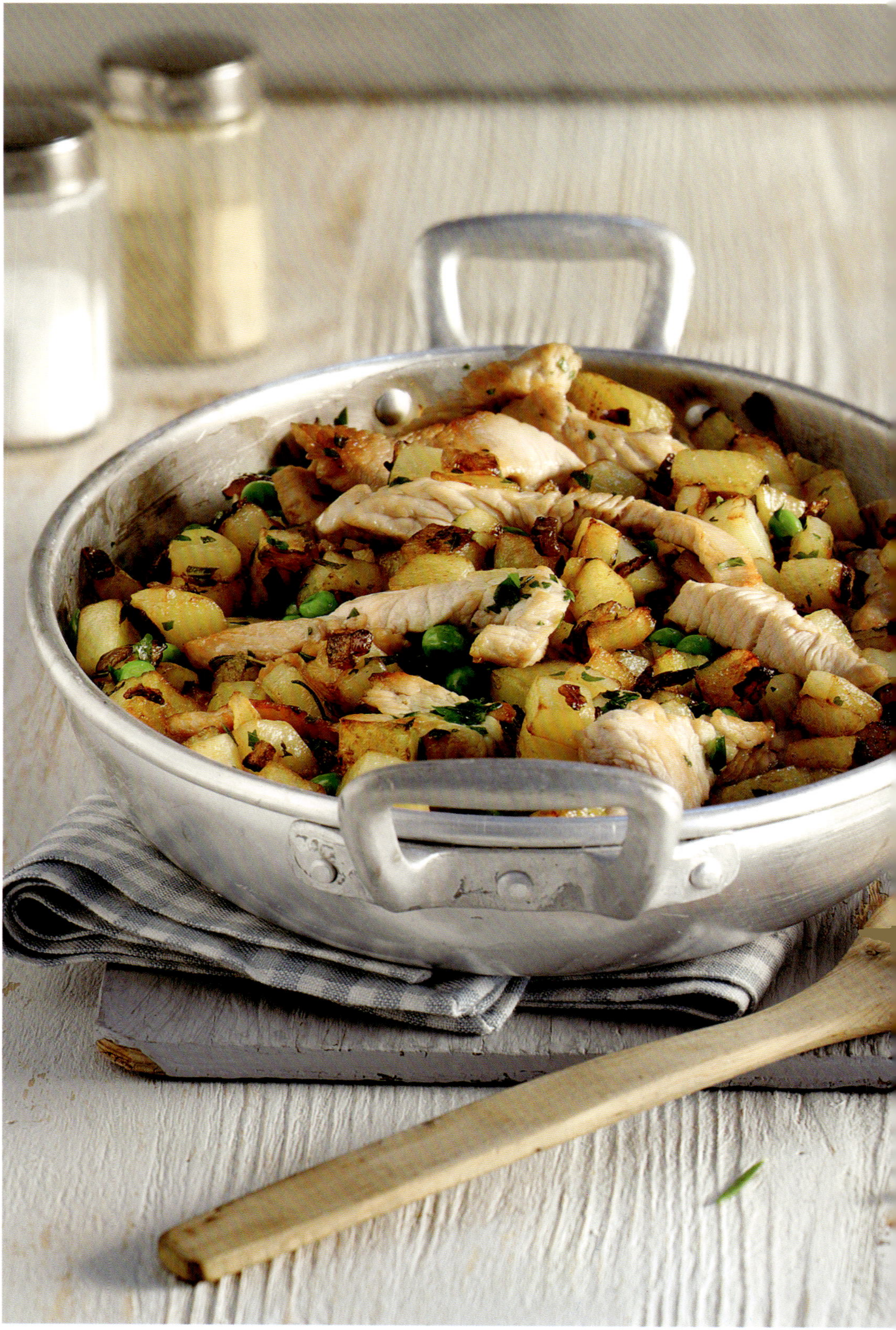

Fleisch & Geflügel

KARTOFFEL-ERBSEN-PFANNE
mit Putenbrust

Die Kartoffeln und Zwiebeln schälen und sehr fein würfeln. Den Rosmarin waschen, trocken schütteln, die Blättchen abzupfen und fein hacken.

2 Esslöffel Öl in einer Pfanne erhitzen und die Zwiebeln darin bei mittlerer Hitze 5 Minuten anbraten. Dann die Kartoffeln und den Rosmarin dazugeben und bei mittlerer Hitze und unter gelegentlichem Wenden 20 Minuten braun anbraten.

Inzwischen die Petersilie waschen, trocken schütteln, die Blättchen abzupfen und fein hacken.

Die Putenbrust waschen, trocken tupfen und in sehr dünne Streifen schneiden, die Erbsen gegebenenfalls waschen, kurz blanchieren und in einem Sieb abtropfen lassen.

Restliches Öl, Putenbruststreifen und Erbsen zu den Kartoffeln geben und 5–10 Minuten mitbraten, bis das Fleisch gar ist. Die Gemüse-Puten-Pfanne mit Pfeffer und Salz abschmecken und mit Petersilie bestreut servieren.

Für 4 Portionen
600 g Pellkartoffeln
2 rote Zwiebeln
3–4 Stängel Rosmarin
3 El Bratöl
1/2 Bund glatte Petersilie
320 g Putenbrust
200 g Erbsen (frisch oder TK)
Pfeffer
Salz

Zubereitungszeit:
ca. 35 Minuten (plus Garzeit)
Pro Portion ca. 310 kcal/1298 kJ
26 g E, 9 g F, 31 g KH

Fleisch & Geflügel

REIS-GEMÜSE-PFANNE
mit Hühnerbrust

Für 4 Portionen
500 g Hühnerbrust
3 El Butterschmalz
Salz
Pfeffer
1 gelbe Paprikaschote
1 rote Paprikaschote
250 g Lauch
2 Zwiebeln
300 g frische Erbsen
750 ml Gemüsebrühe
250 g Schnellkochreis
Paprikapulver

Die Hühnerbrust waschen, trocken tupfen, dann in dünne Streifen schneiden und im heißen Butterschmalz von beiden Seiten 2 Minuten braten. Salzen und pfeffern.

Die Paprikaschoten waschen, entkernen und würfeln. Den Lauch waschen, putzen und in Ringe schneiden. Die Zwiebeln schälen und in Ringe schneiden. Das klein geschnittene Gemüse und die Erbsen 3 Minuten mitschmoren.

Die Gemüsebrühe angießen. Den Schnellkochreis unterrühren und 5–10 Minuten quellen lassen. Die Pfannenmischung mit Salz, Pfeffer und Paprikapulver abschmecken und servieren.

→ **UNSER TIPP**

Befühlen Sie beim Kauf der Hühnerbrust das Fleisch: Es sollte relativ fest und nicht weich sein. Achten Sie auch auf die Farbe: Sie sollte fleischfarben und nicht zu weiß sein.

Zubereitungszeit:
ca. 30 Minuten
Pro Portion ca. 515 kcal/2156 kJ
41 g E, 9 g F, 64 g KH

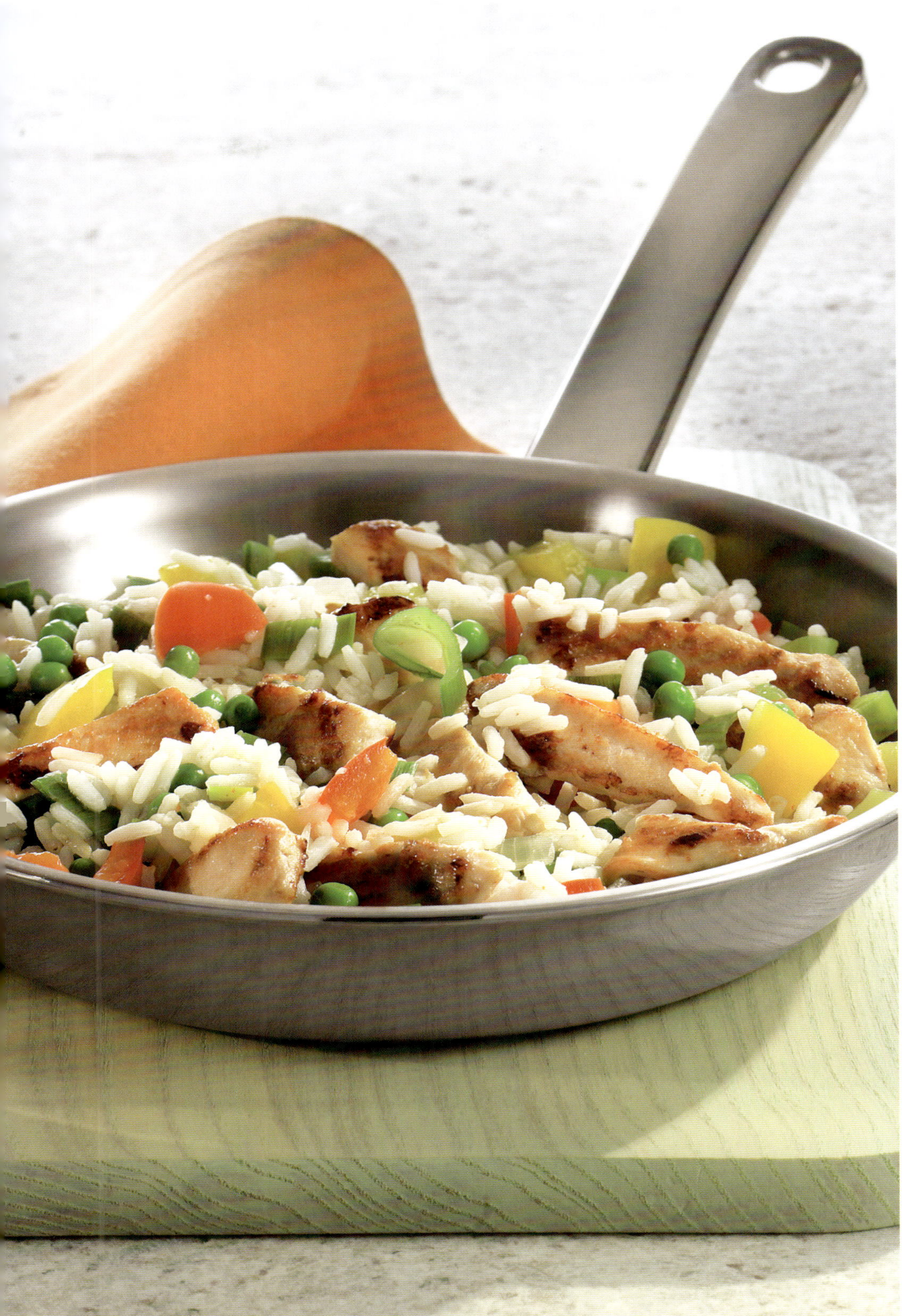

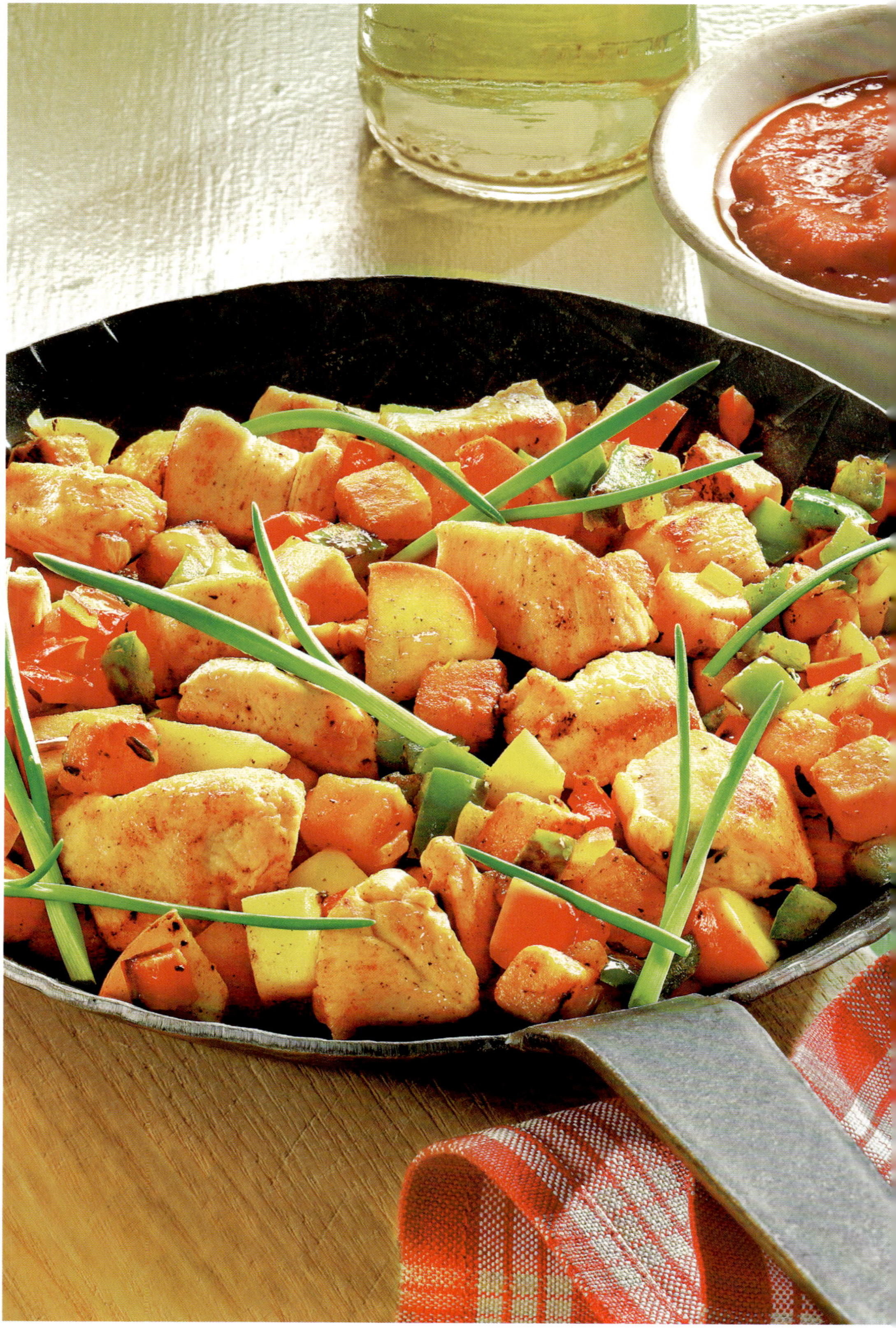

Fleisch & Geflügel

HÄHNCHENPFANNE
mit Äpfeln

Die Kartoffel schälen und in kleine Würfel schneiden. In wenig gesalzenem Wasser in etwa 8 Minuten bissfest garen, dann abgießen und abtropfen lassen. Die Zwiebel schälen und würfeln, die Paprikaschoten putzen, waschen, entkernen und ebenfalls in kleine Würfel schneiden.

2 El Öl in einer Pfanne erhitzen und die Zwiebel darin andünsten. Die Paprikawürfel hinzufügen und etwa 5 Minuten unter Rühren dünsten. Die Hähnchenbrust in 2 cm große Würfel schneiden.

Die Temperatur heraufschalten und das restliche Öl in der Pfanne erhitzen. Dann die Hähnchen- und Kartoffelwürfel hineingeben und etwa 5 Minuten mitbraten. Mit Salz, Pfeffer und Thymian würzen. Die Mischung mit einem Teller beschweren und weitere 5 Minuten in der Pfanne schmoren. Die Unterseite sollte gebräunt sein.

Den Apfel waschen, vom Kerngehäuse befreien und ungeschält würfeln. Dann die Pfannenmischung mit einem Spatel wenden, wieder beschweren und erneut bräunen lassen. Die Apfelwürfel und den Schnittlauch zugeben und weiterbraten, bis die Apfelwürfel weich sind. Die Hähnchenpfanne nach Belieben mit Chilisauce servieren.

Für 4 Portionen
1 Süßkartoffel
Salz
1 Zwiebel
1/2 rote Paprikaschote
1/2 grüne Paprikaschote
3 El Sonnenblumenöl
1 gebratene Hähnchenbrust
  ohne Haut
Pfeffer
1 1/2 Tl frisch gehackter
  Thymian
1 Apfel
3 El frisch gehackter
  Schnittlauch

Zubereitungszeit:
ca. 30 Minuten (plus Garzeit)
Pro Portion ca. 247 kcal/1034 kJ
37 g E, 4 g F, 14 g K

Fleisch & Geflügel

Chinesische NUDELPFANNE

Für 4 Portionen

Für die Nudeln
100 g Hähnchenbrustfilet
2 Knoblauchzehen
100 g Zuckerschoten
50 g milder roher Schinken
3 Frühlingszwiebeln
230 g getrocknete Eiernudeln
4 Tl Sesamöl
3 El Erdnussöl
2 Tl helle Sojasauce
2 Tl dunkle Sojasauce
1 El Shaoxing-Reiswein,
   ersatzweise trockener Sherry
1 Tl Salz
1/2 Tl Pfeffer
1 Tl Zucker

Für die Marinade
2 Tl helle Sojasauce
2 Tl Shaoxing-Reiswein,
   ersatzweise trockener Sherry
1 Tl Sesamöl
1/2 Tl Salz
1/2 Tl Pfeffer

Zubereitungszeit:
ca. 50 Minuten
Pro Portion ca. 429 kcal/1796 kJ
17 g E, 23 g F, 48 g KH

Das Hähnchenbrustfilet waschen, trocken tupfen und in mundgerechte Stücke schneiden. In eine Schüssel geben, mit den Marinade-Zutaten gut vermengen und abgedeckt im Kühlschrank 20 Minuten marinieren.

Den Knoblauch schälen und fein hacken, die Zuckerschoten waschen, putzen und in Stücke schneiden, den Schinken fein hacken. Die Frühlingszwiebeln waschen, putzen, trocken tupfen und ebenfalls fein hacken.

Eiernudeln in ausreichend kochendem Wasser 8 Minuten garen, dann abgießen, abtropfen lassen und in 3 Tl Sesamöl wenden.

Eine große Pfanne stark erhitzen und 1 El Erdnussöl hineingeben. Das Fleisch bei starker Hitze unter Rühren 2 Minuten braten, herausnehmen und die Pfanne auswischen.

Die Pfanne erneut stark erhitzen, 2 El Erdnussöl hineingeben und darin Knoblauch, Zuckerschoten und Schinken unter Rühren 1 Minute braten. Nudeln, Sojasauce, Reiswein, Salz, Pfeffer, Zucker und Frühlingszwiebeln zur Zuckerschoten-Schinken-Mischung geben und weitere 2 Minuten braten. Fleisch dazugeben und alles unter Rühren 4 Minuten gar braten. Das restliche Sesamöl zugeben, die Mischung gut vermengen und sofort servieren.

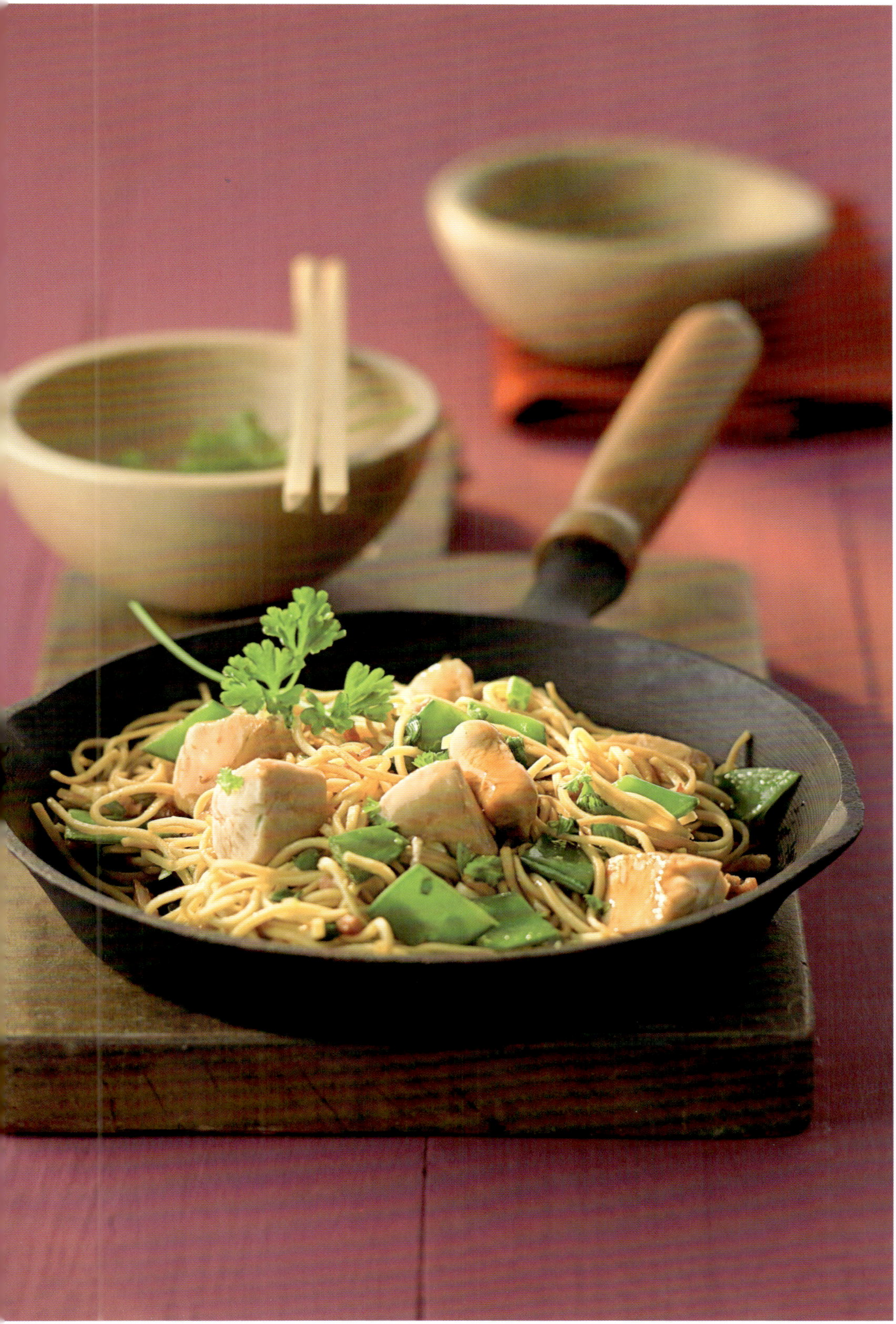

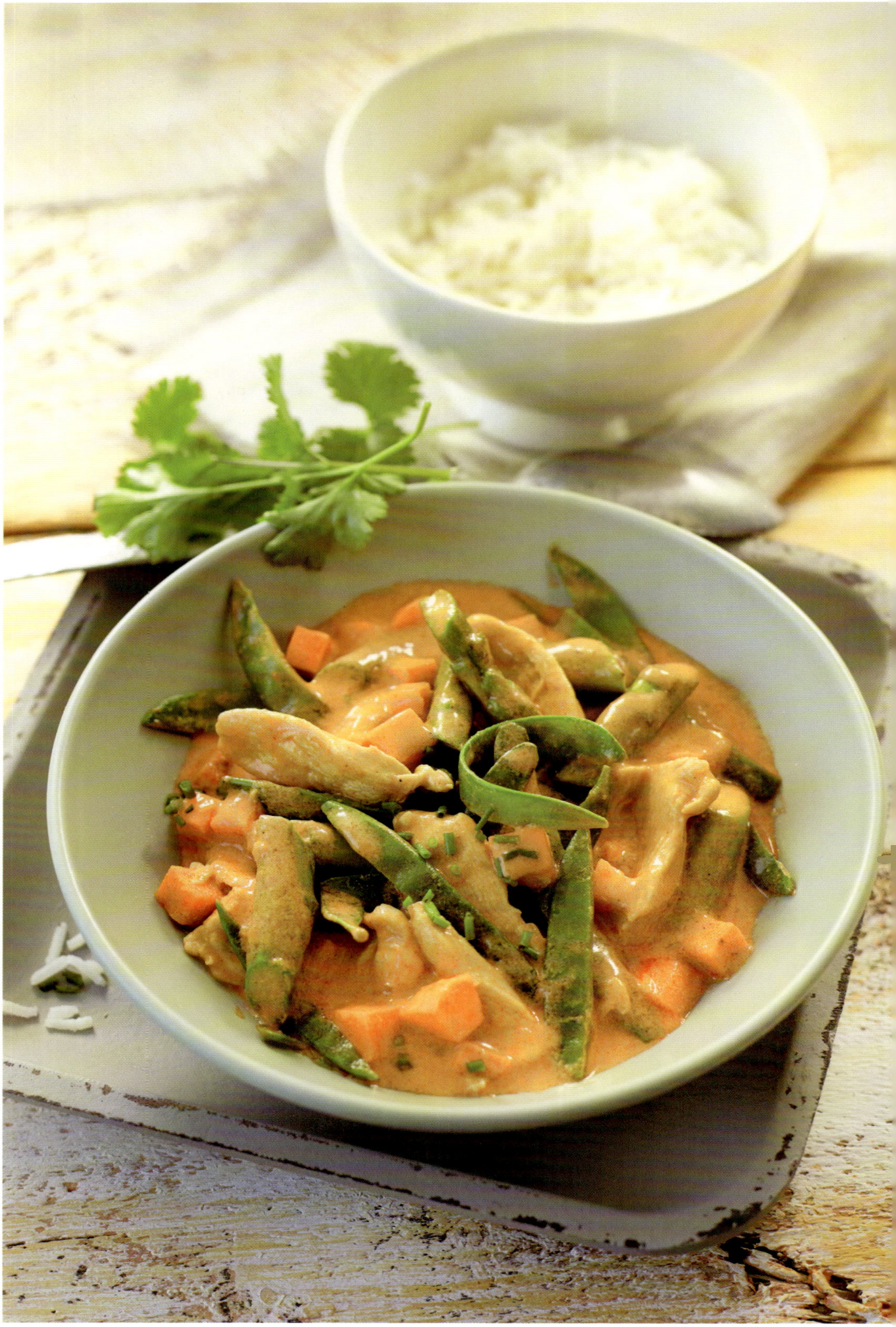

Fleisch & Geflügel

HÄHNCHENCURRY
mit Basmatireis

Den Basmatireis nach Packungsanweisung in Salzwasser garen. Zuckerschoten und Spargel waschen und putzen. Spargel im unteren Drittel schälen, die trockenen Enden abschneiden. Die Zuckerschoten längs halbieren, den Spargel in mundgerechte Stücke schneiden. Die Süßkartoffel schälen, unter fließendem Wasser abspülen und in etwa 1 cm große Würfel schneiden.

Hühnerbrust waschen, trocken tupfen und in Streifen schneiden. Mit Mehl bestäuben. Die Zwiebel schälen und fein hacken. Zitronengras waschen und mit einem Messerrücken mehrmals darauf klopfen, sodass die Stängel aufgebrochen sind.

Das Öl mit der Currypaste und den Zwiebeln in einer großen Pfanne bei mittlerer Temperatur erhitzen und so lange rühren, bis das Curry intensiv duftet. Die Kokosmilch angießen und verrühren. Das Zitronengras zugeben und alles ca. 5 Minuten abgedeckt köcheln lassen.

Das Gemüse und das Fleisch zugeben und ca. 8 Minuten köcheln, bis alles gar ist. Das Curry mit Limettensaft, Palmzucker und Fischsauce abschmecken und mit dem Reis servieren.

Für 4 Portionen
250 g Basmatireis
Salz
150 g Zuckerschoten
200 g grüner Spargel
1 große Süßkartoffel
300 g Hühnerbrustfilet
etwas Weizenmehl
1 Zwiebel
2 Stängel Zitronengras
2 El Erdnussöl
2 Tl rote Currypaste
400 ml Kokosmilch
etwas Limettensaft
1 Tl Palmzucker nach Belieben
   (ersatzweise brauner Zucker)
1 El asiatische Fischsauce

Zubereitungszeit:
ca. 30 Minuten
Pro Portion ca. 565 kcal/2366 kJ
26 g E, 22 g F, 55 g KH

Fleisch & Geflügel

GEBRATENE ENTE
mit Ananas

Für 4 Portionen
250 g Duftreis
Salz
300 g Möhren
600 g Ananas
2 Knoblauchzehen
1 Bund Frühlingszwiebeln
2 Entenbrüste (à ca. 300 g)
Pfeffer
6 El Öl
100 ml Geflügelbrühe
4 El Ketjap Manis
2 El Sojasauce
4 El süßsaure Chilisauce

Den Duftreis nach Packungsangabe in Salzwasser garen. Möhren putzen, schälen und in dünne Streifen schneiden. Ananas schälen und putzen. Erst in Scheiben, dann in Streifen schneiden, dabei das harte Mittelstück entfernen. Knoblauch schälen und fein hacken. Die Frühlingszwiebeln waschen, putzen und die weißen und hellgrünen Teile in feine Scheiben schneiden. Entenbrüste waschen, trocken tupfen, quer zur Faserrichtung in etwa 0,5 cm breite Streifen schneiden und mit Salz und Pfeffer würzen.

Das Öl in einer Pfanne erhitzen. Das Fleisch dazugeben und portionsweise 1–2 Minuten anbraten. Zum Schluss das gesamte Fleisch zurück in die Pfanne geben. Frühlingszwiebeln, Möhren, Ananas und Knoblauch dazugeben und ca. 3 Minuten weiterbraten. Gemüsebrühe, Ketjap Manis, Sojasauce und Chilisauce dazugeben, aufkochen und nach Bedarf mit Salz und Pfeffer abschmecken. Den Reis dazu servieren.

→ **UNSER TIPP**

Ketjap Manis ist eine würzig-süßliche, dickflüssige dunkle Sojasauce aus Indonesien. Ersatzweise kann das Gericht auch mit heller Sojasauce und braunem Zucker abgeschmeckt werden.

Zubereitungszeit:
ca. 25 Minuten
Pro Portion ca. 853 kcal/3571 kJ
36 g E, 44 g F, 74 g KH

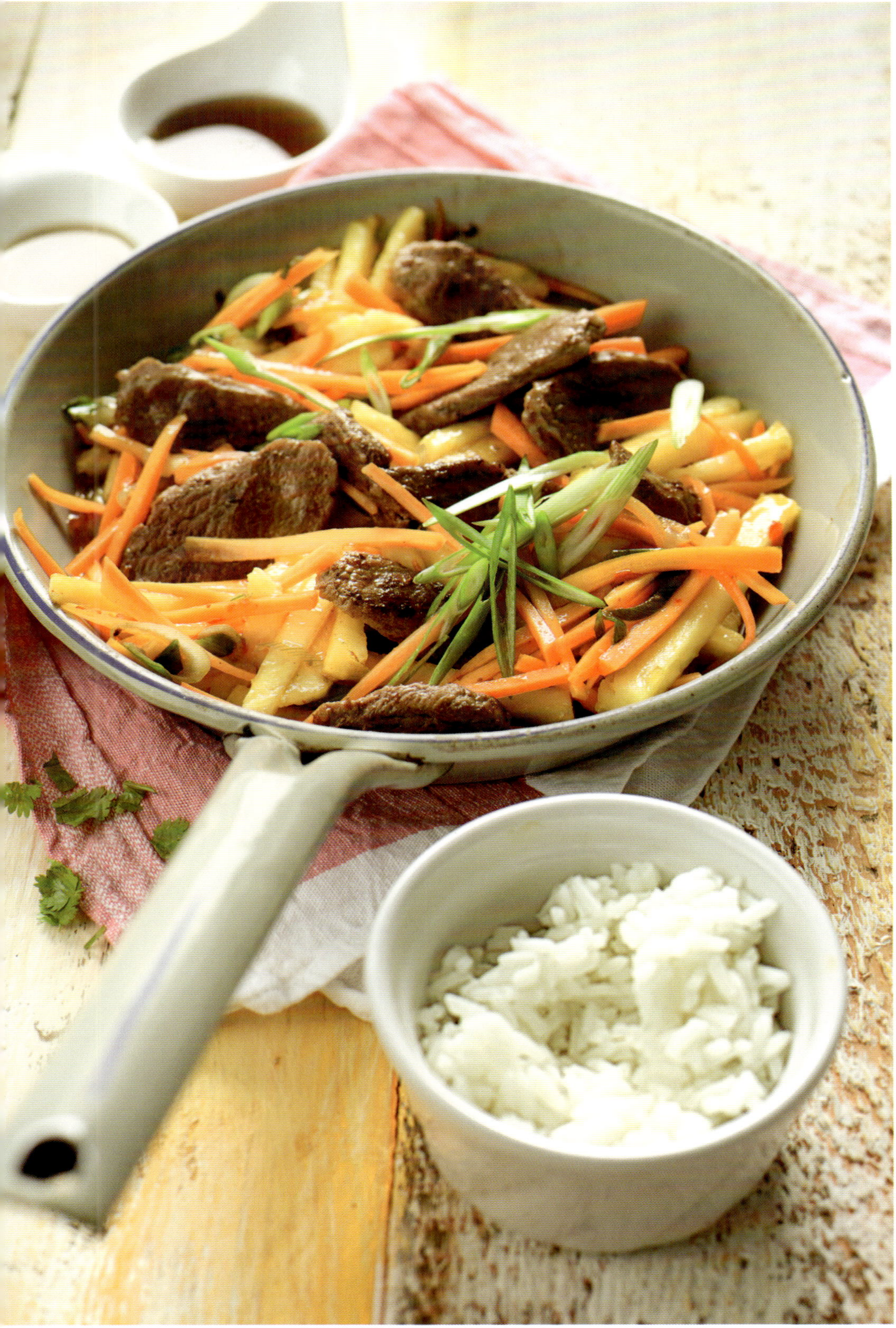

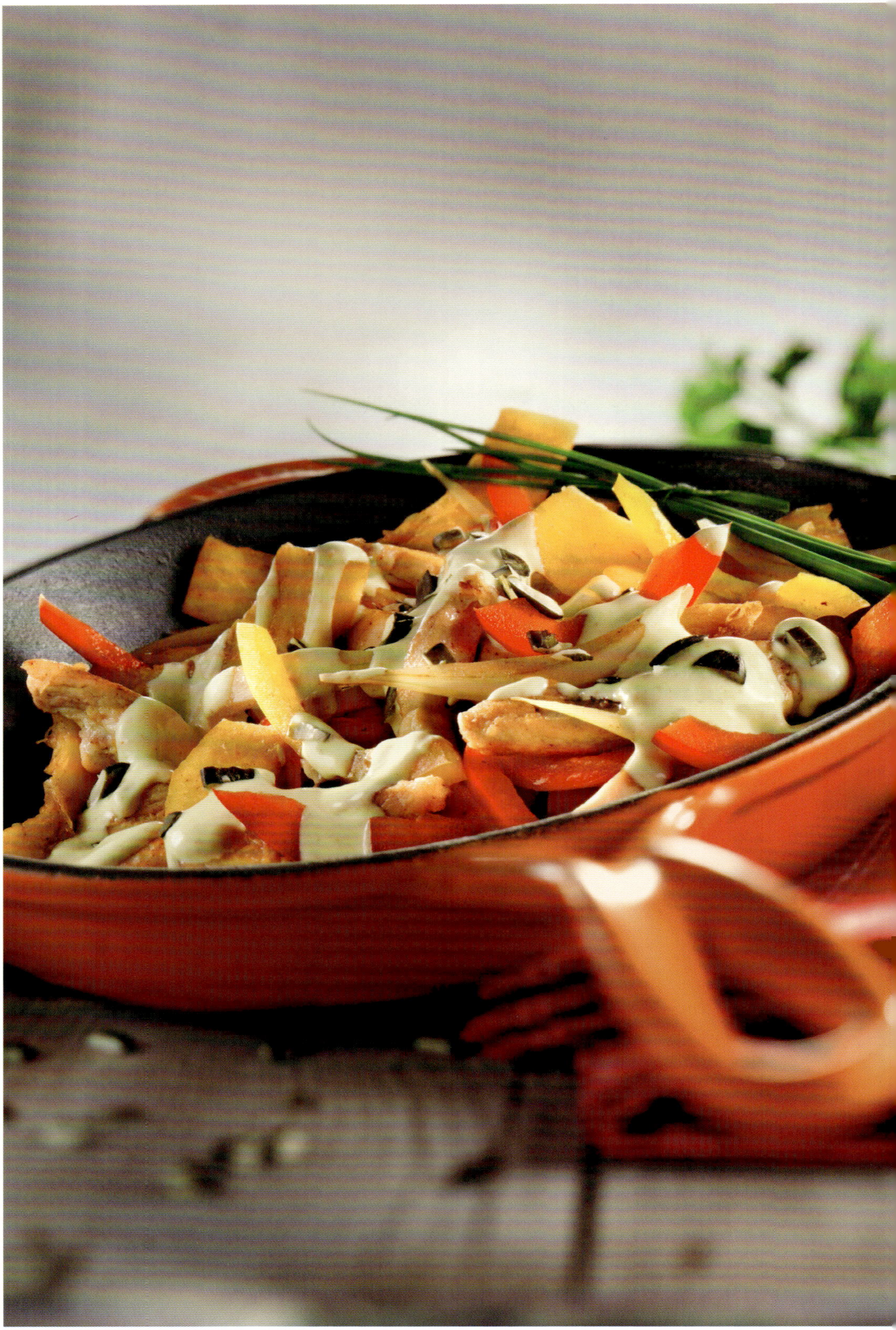

Fleisch & Geflügel

KÜRBIS-PUTEN-PFANNE
mit roter und gelber Paprika

Putenfleisch abspülen, trocken tupfen und in Streifen schneiden. Zwiebeln schälen und fein hacken. Rote und gelbe Paprika halbieren, entkernen, weiße Trennhäute entfernen, waschen und in Streifen schneiden. Kürbis in feine Würfel oder Streifen schneiden.

Etwas Öl in einer Pfanne bei mittlerer Temperatur erhitzen. Putenfleischstreifen darin unter Rühren 5–10 Minuten braten. Aus der Pfanne nehmen. Zwiebeln in die Pfanne geben und glasig dünsten. Paprika und Kürbis zugeben und unter Rühren einige Minuten anbraten. Putenstreifen wieder in die Pfanne geben, mit Salz, Pfeffer und Curry würzen. Gemüsebrühe zugießen und das Ganze bei schwacher Hitze in ca. 15–20 Minuten gar köcheln.

Für die Sauce Butter in einem Topf zerlassen, Mehl zugeben und darin anschwitzen. Milch zugießen und unter Rühren bei mittlerer Hitze einkochen lassen. Mit Salz, Pfeffer und Muskat abschmecken und über die Kürbis-Puten-Pfanne gießen.

Für 4 Portionen
450 g Putenfleisch
2 Zwiebeln
1 rote Paprika
1 gelbe Paprika
250 g Spaghetti-Kürbis
(geputzt gewogen)
Öl zum Braten
Salz
Pfeffer
1/2 Tl Currypulver
200 ml Gemüsebrühe

Für die Sauce
25 g Butter
2 El Mehl
375 ml Milch
Salz
Pfeffer
frisch geriebene Muskatnuss

Zubereitungszeit:
ca. 45 Minuten (plus Garzeit)
Pro Portion ca. 336 kcal/1406 kJ
33 g E, 15 g F, 16 g KH

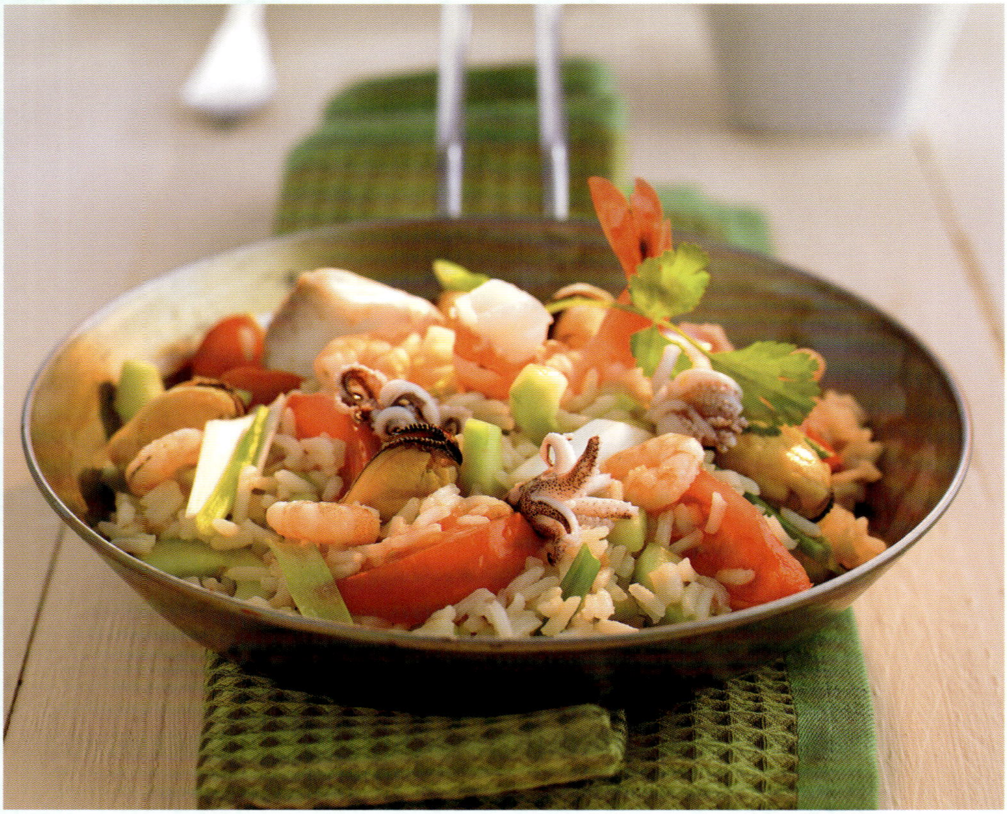

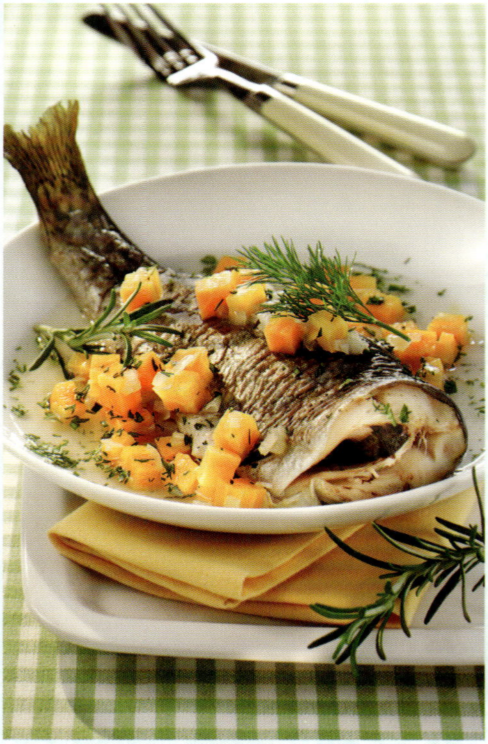

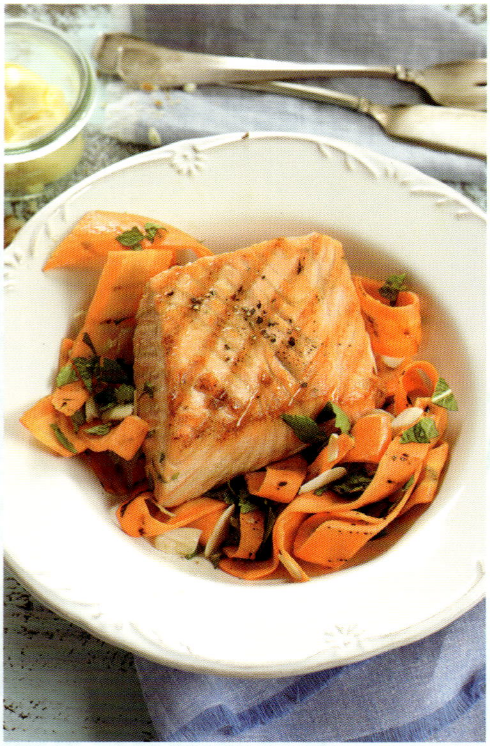

FISCH & MEERESFRÜCHTE

Fisch & Meeresfrüchte

STOCKFISCH
mit Pellkartofffeln

Für 4 Portionen
1 kg Stockfisch
500 g Kartoffeln
Salz
1 Bund Frühlingszwiebeln
60 g Butter
40 g Mehl
250 ml Fischfond
100 ml Sahne
Saft von 1/2 Zitrone
Pfeffer
1 Bund Dill

Den Stockfisch etwa 1 Tag gut wässern. Das Wasser zwischendurch mehrmals wechseln. Anschließend den Fisch von den Gräten befreien und in größere Stücke schneiden.

Die Kartoffeln waschen und in Salzwasser etwa 20 Minuten garen. Dann abgießen, kurz abkühlen lassen, pellen und in Scheiben schneiden. Die Frühlingszwiebeln putzen, waschen und in Ringe schneiden. 20 g Butter in einer Pfanne erhitzen und die Zwiebeln darin andünsten. Pfanne vom Herd nehmen.

In einem Topf die restliche Butter erhitzen und das Mehl darin anschwitzen. Mit Fischfond aufgießen und aufkochen, dann die Sahne einrühren und die Sauce köcheln lassen, bis sie andickt. Mit Zitronensaft, Salz und Pfeffer abschmecken.

Dann die Fischstücke, die Frühlingszwiebeln und die Kartoffelscheiben hineingeben und alles etwa 10 Minuten sanft kochen. Den Dill waschen, trocken schütteln und fein hacken. Den Stockfisch vor dem Servieren mit Dill bestreuen.

Zubereitungszeit:
ca. 25 Minuten (plus Garzeit und Zeit zum Wässern)
Pro Portion ca. 1210 kcal/5066 kJ
203 g E, 27 g F, 34 g KH

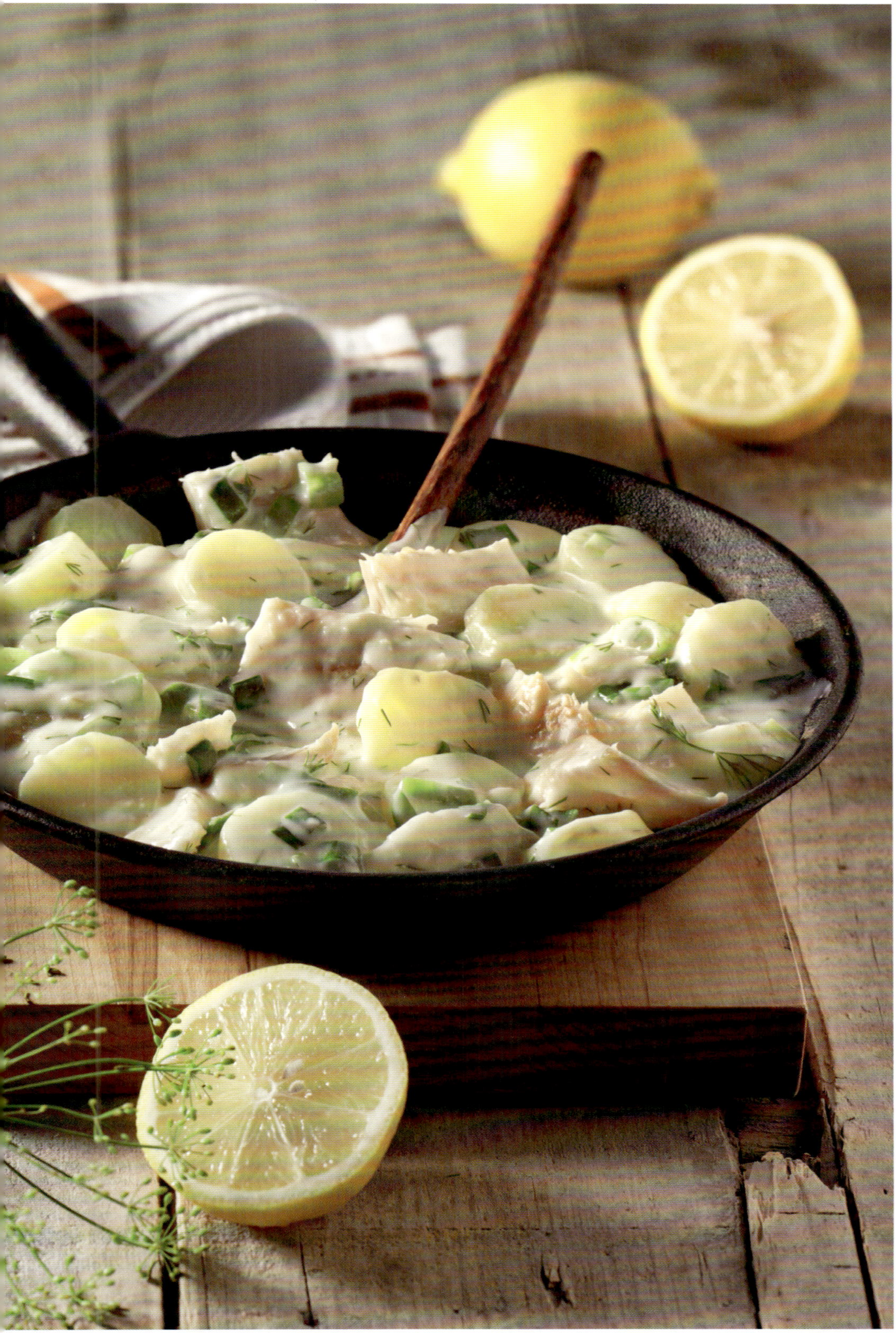

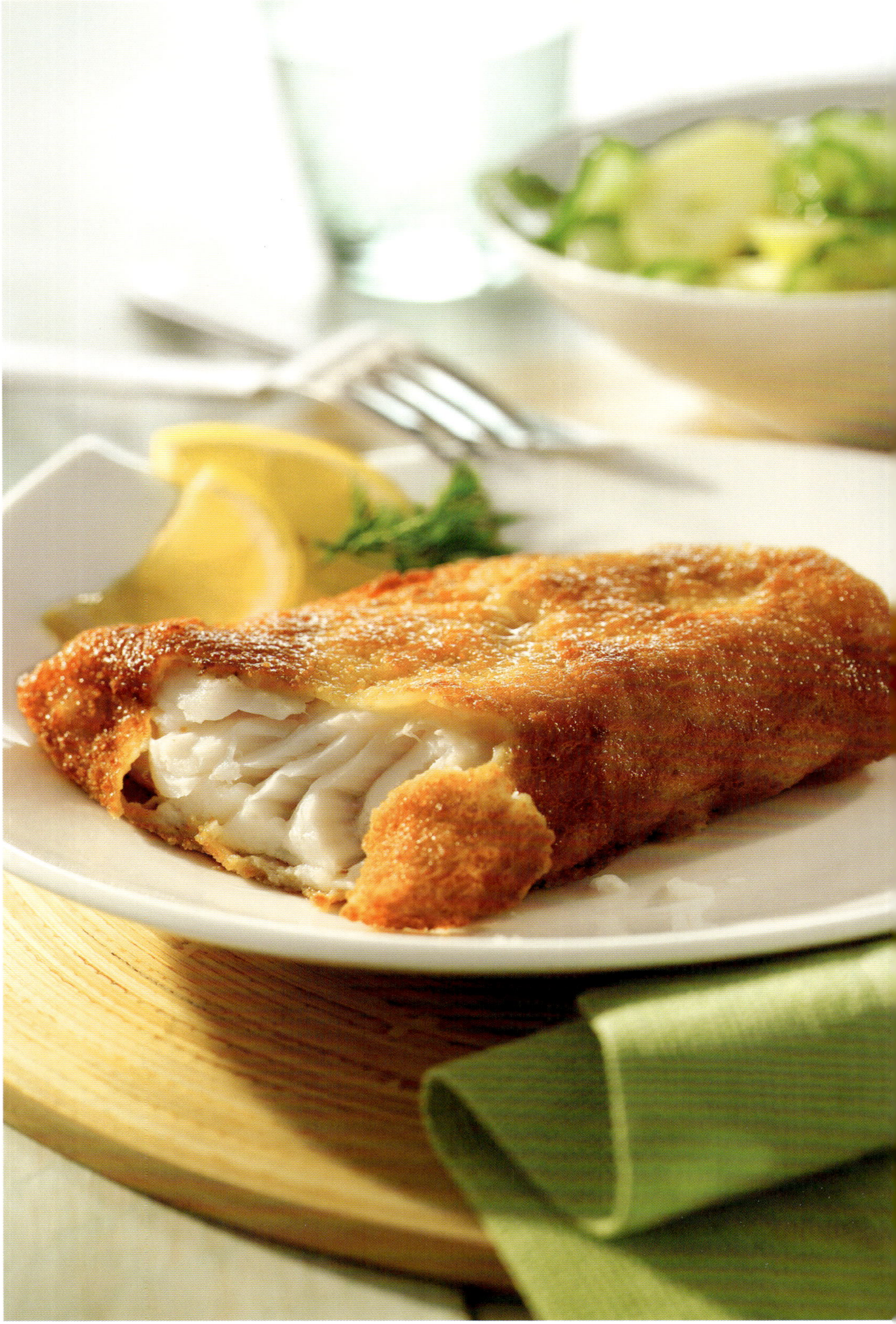

Fisch & Meeresfrüchte

SEELACHSFILET
mit Kartoffelsalat

Die Fischfilets waschen, trocken tupfen und mit Salz, Pfeffer und Zitronensaft einreiben. Das Ei verquirlen, Ei, Mehl und Paniermehl jeweils auf einen Teller geben. Die Fischfilets nacheinander in Mehl, Ei und Paniermehl wenden.

Reichlich Fett in einer großen Pfanne erhitzen und die Fischfilets darin von jeder Seite etwa 3 Minuten braten. Herausnehmen und auf Küchenpapier abtropfen lassen.

Für den Kartoffelsalat die Kartoffeln in wenig gesalzenem Wasser etwa 25 Minuten garen. Die Gurke schälen, in dünne Scheiben hobeln und mit Salz bestreut etwas ziehen lassen. Die Kartoffeln abgießen, abkühlen lassen, dann pellen und in Scheiben schneiden. In einer Schüssel mit Salz, Pfeffer, Essig und Öl mischen. Die Flüssigkeit der Gurke abgießen. Mit Salz und Pfeffer würzen und unter den Kartoffelsalat heben. Dill darüberstreuen, den Salat 20 Minuten durchziehen lassen. Die Fischfilets mit dem Salat servieren.

Für 4 Portionen

Für das Seelachsfilet
4 Seelachsfilets (à 150 g)
Salz
Pfeffer
Zitronensaft
1 Ei
6 El Mehl
50 g Paniermehl
Fett zum Frittieren

Für den Kartoffelsalat
750 g Kartoffeln
Salz
1 Salatgurke
Pfeffer
5 El Weißweinessig
5 El Öl
2 El gehackter Dill

Zubereitungszeit:
ca. 30 Minuten (plus Garzeit und Zeit zum Ziehen)
Pro Portion ca. 435 kcal/1821 kJ
40 g E, 10 g F, 43 g KH

Fisch & Meeresfrüchte

GEBRATENER REIS
mit Meeresfrüchten

Für 4 Portionen
250 g Jasminreis
500 g gemischte küchenfertige Meeresfrüchte (z. B. Tintenfisch, Garnelen, Fischfilet)
8 Knoblauchzehen
3 Frühlingszwiebeln
1 Salatgurke
3 Tomaten
4 Stängel Koriander
5 El Öl
3 El Fischsauce
2 Tl Zucker
Chilisauce und Sojasauce zum Servieren

Den Reis in einem Sieb unter fließendem Wasser abspülen, bis das Wasser klar bleibt. Dann mit 350 ml Wasser in einen Topf geben, bei geschlossenem Deckel aufkochen. Anschließend den Deckel abnehmen, so lange rühren, bis der Wasserspiegel unterhalb des Reises liegt und die Oberfläche des Reises trocken aussieht. Nun bei geschlossenem Deckel auf kleinster Stufe etwa 20 Minuten gar dämpfen. Dann vollständig abkühlen lassen, da er sonst beim Braten klebrig wird.

Garnelen am Rücken einschneiden, den dunklen Darm entfernen, alle Meeresfrüchte waschen, trocken tupfen und in mundgerechte Stücke zerkleinern.

Knoblauch schälen und fein hacken, Frühlingszwiebeln putzen, waschen, in ca. 3 cm lange Stücke schneiden und diese längs halbieren. Gurke waschen, schälen, längs halbieren und entkernen, dann in Scheiben schneiden. Tomaten waschen, Stielansatz entfernen und achteln. Koriander waschen, trocken schütteln und Blättchen abzupfen.

Öl in einer Pfanne erhitzen und Knoblauch unter ständigem Rühren ca. 2 Minuten goldgelb braten. Meeresfrüchte hinzugeben und weitere 2 Minuten braten. Dann Reis, Tomaten, Frühlingszwiebeln, Fischsauce und Zucker unterrühren. Alles weitere 3 Minuten braten, dabei ständig rühren.

Reis auf Teller verteilen, Gurkenscheiben und Koriander darüberstreuen und Chili- und Sojasauce dazu reichen.

Zubereitungszeit:
ca. 40 Minuten
Pro Portion ca. 527 kcal/2206 kJ
26 g E, 21 g F, 60 g KH

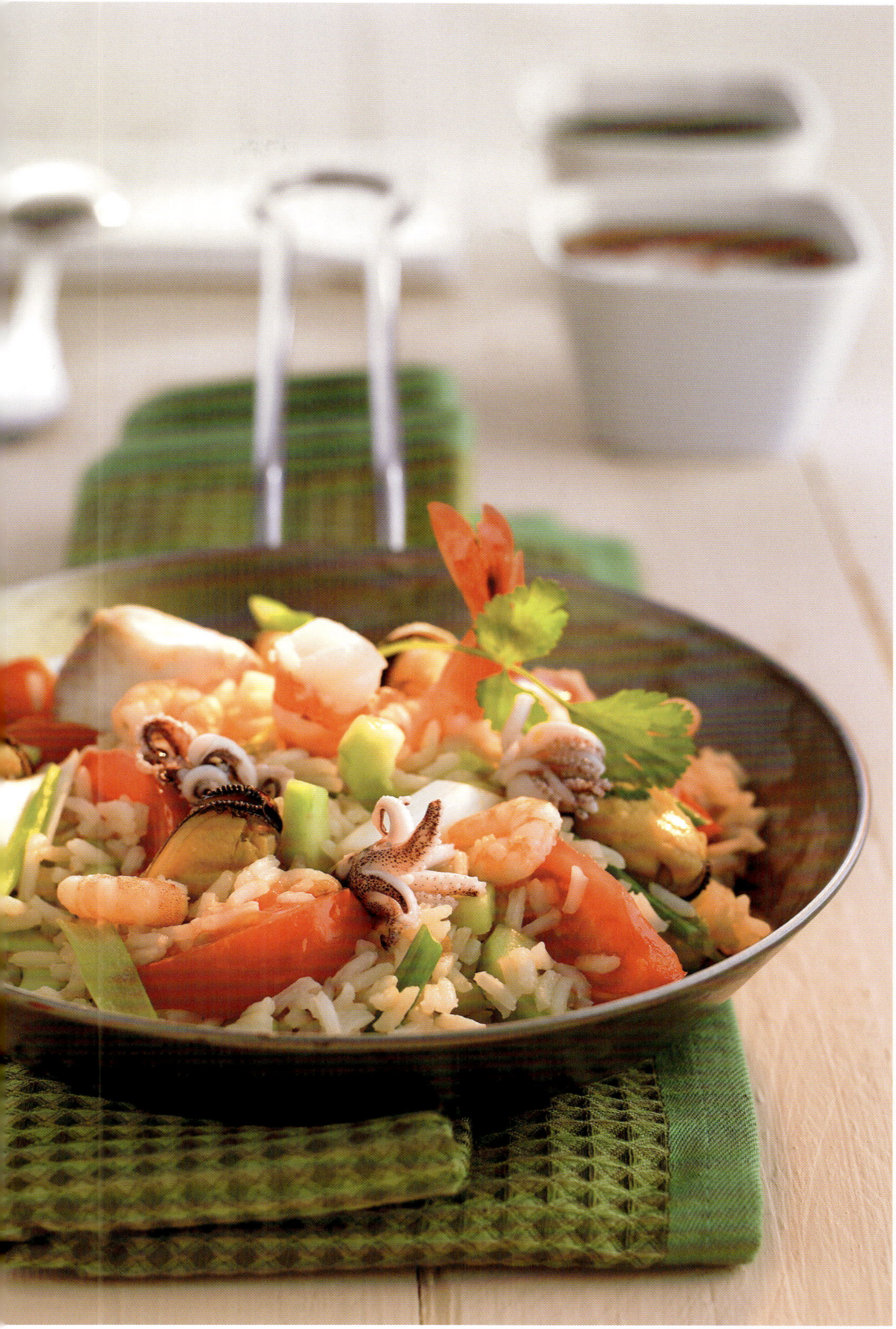

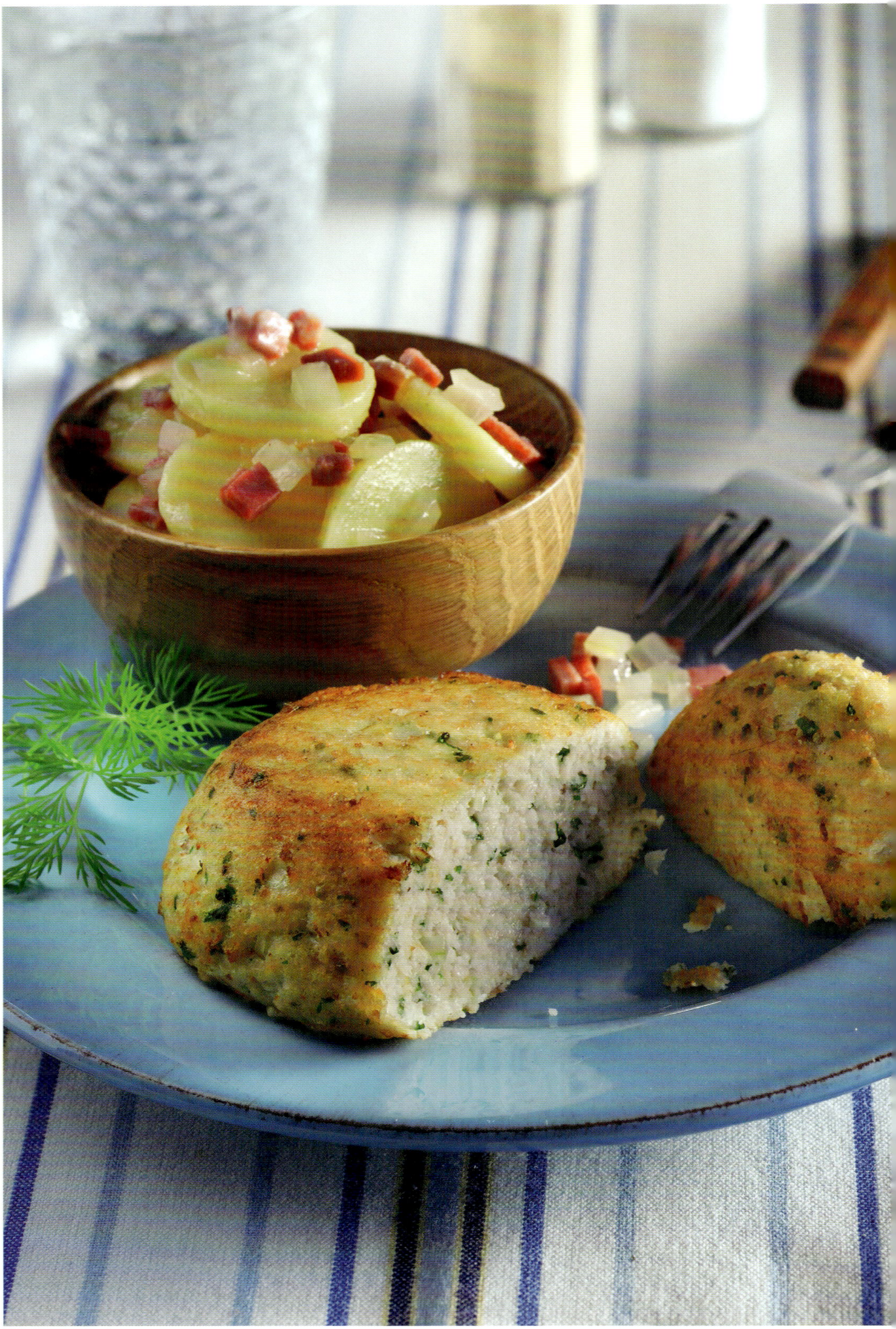

Fisch & Meeresfrüchte

Würzige FISCHFRIKADELLE

Das Brötchen in warmem Wasser einweichen. Das Fischfilet fein hacken oder im Mixer pürieren. Die Zwiebel schälen und fein hacken.

Das Fischpüree mit dem ausgedrückten Brötchen, der Zwiebel, dem Ei, den Gewürzen und der Petersilie zu einem homogenen Teig verarbeiten. Aus dem Fischteig Frikadellen formen.

Die Butter in einer Pfanne erhitzen und die Fischfrikadellen darin knusprig braun backen.

Für 4 Portionen
1 altbackenes Brötchen
700 g Fischfilet
1 Zwiebel
1 Ei
Salz
Pfeffer
1/2 El Fischgewürz
3 El frisch gehackte Petersilie
2 El Butter

→ **UNSER TIPP**

Gut für Fischfrikadellen eignen sich zum Beispiel Kabeljau, Rotbarsch oder Seelachs. Zu den Frikadellen schmeckt warmer Kartoffelsalat.

Zubereitungszeit:
ca. 30 Minuten
Pro Portion ca. 270 kcal/1130 kJ
37 g E, 10 g F, 7 g KH

Fisch & Meeresfrüchte

SPAGHETTI ALLA VONGOLE
ganz klassisch

Für 4 Portionen
1 kg frische Venusmuscheln
  oder 750 g Venusmuscheln
  aus dem Glas
1 El Zitronensaft
400 g Spaghetti
Salz
3 Knoblauchzehen
80 ml Olivenöl
850 g Tomaten aus der Dose
Pfeffer
4 El frisch gehackte Petersilie

Frische Muscheln gründlich von Sand und Schmutz säubern und in einem großen Topf mit Wasser und Zitronensaft bedecken. Mit geschlossenem Deckel bei mittlerer Hitze 7–8 Minuten köcheln lassen und zwischendurch wiederholt den Topf schütteln, damit sich die Muscheln öffnen. Ungeöffnete Muscheln wegwerfen (sie sind verdorben). Das Muschelfleisch aus den Schalen lösen und beiseitelegen. Venusmuscheln aus dem Glas abtropfen lassen, gut abspülen und beiseitestellen.

Die Spaghetti nach Packungsanweisung in einem großen Topf mit Salzwasser bissfest garen.

Den Knoblauch abziehen und fein hacken. Das Öl in einer großen Pfanne erhitzen und den Knoblauch darin bei geringer Hitze 5 Minuten andünsten.

Die Tomaten unterrühren, alles aufkochen lassen und abgedeckt bei mittlerer Hitze ca. 20 Minuten köcheln lassen. Die Sauce mit Pfeffer abschmecken und die Muscheln darin erwärmen.

Die Pasta abgießen und in die Pfanne mit der Sauce geben. Alles vorsichtig vermengen und mit Petersilie bestreut servieren.

Zubereitungszeit:
ca. 20 Minuten (plus Garzeit)
Pro Portion ca. 620 kcal/2596 kJ
35 g E, 25 g F, 65 g KH

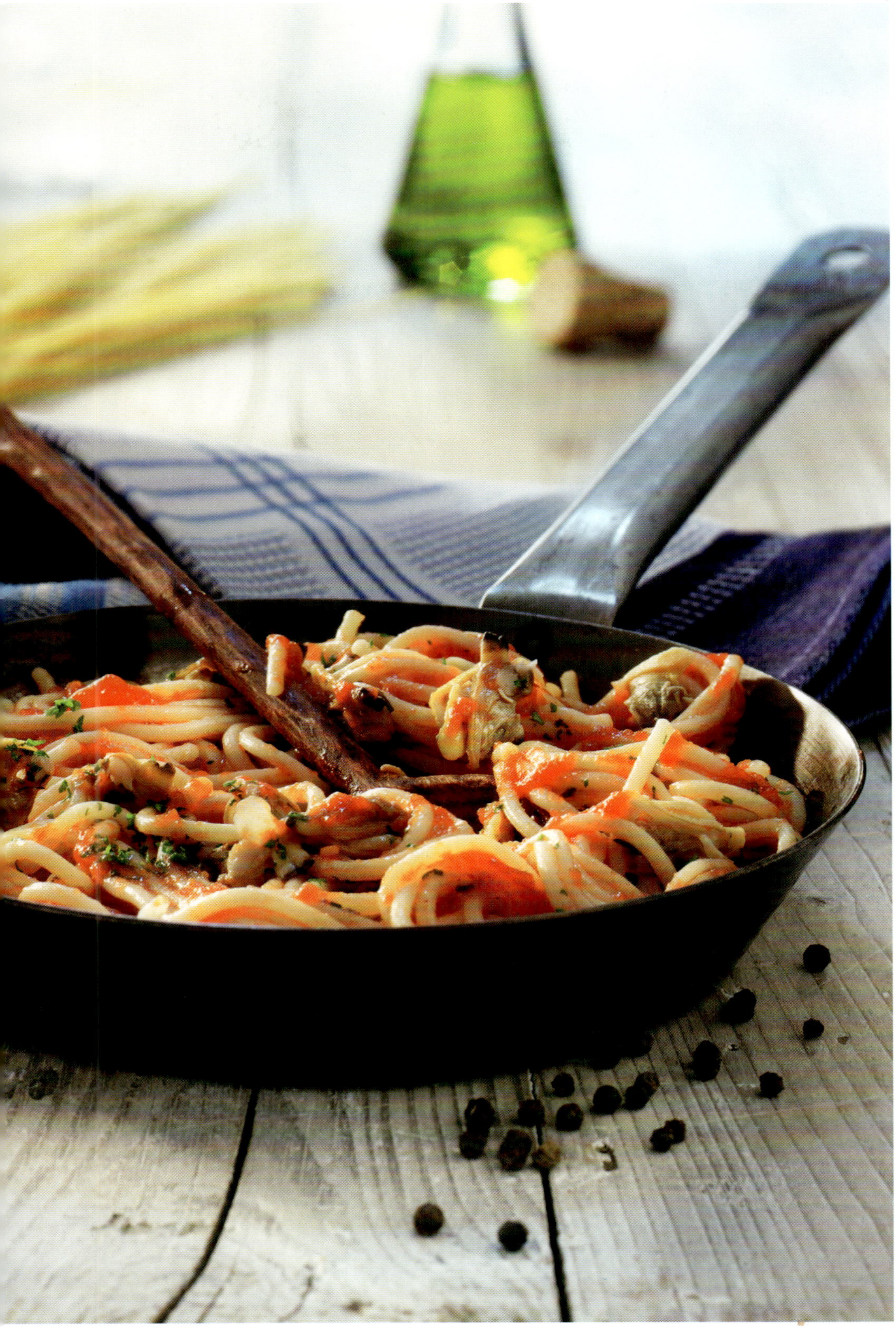

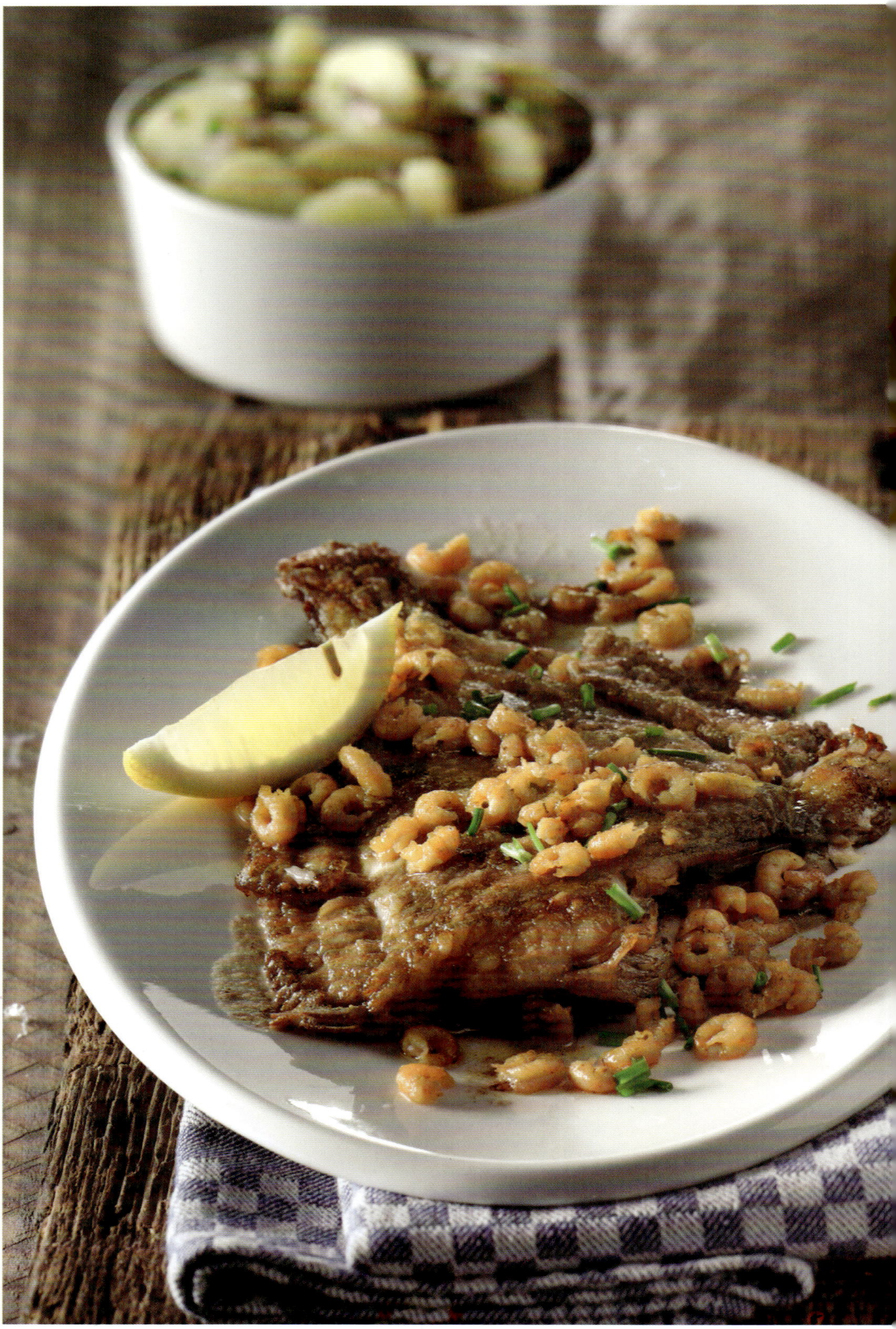

Fisch & Meeresfrüchte

MAISCHOLLE
mit Krabben

Die Schollen waschen und trocken tupfen. Kopf, Flossen und die dicke graue Haut auf einer Seite entfernen. Die weiße Haut dranlassen. Die Schollen mit Salz und Pfeffer würzen und mit Zitronensaft beträufeln.

Das Mehl auf einen Teller geben. Das Butterschmalz in einer Pfanne erhitzen. Die Schollen in Mehl wenden, überschüssiges Mehl abschütteln.

Die Schollen nacheinander auf der Hautseite etwa 3 Minuten knusprig braten. Wenden und bei mittlerer Temperatur weitere 3 Minuten braten. Die Schollen aus der Pfanne nehmen und im auf 80 °C vorgeheizten Ofen warm stellen.

Die Krabben in die Pfanne geben und erhitzen. Die Schollen mit den Krabben belegen. Etwas Fett aus der Pfanne darüberträufeln. Mit Dill bestreut servieren. Dazu passen Salzkartoffeln oder lauwarmer Kartoffelsalat.

Für 4 Portionen
4 küchenfertige Maischollen
Salz
Pfeffer
2 El Zitronensaft
50 g Mehl
3 El Butterschmalz
300 g gekochte Nordseekrabben
2 El frisch gehackter Dill

→ **UNSER TIPP**

Die meisten Schollen werden aufgrund der Frühjahrswanderung von Mai bis Juli gefangen und angeboten. Die im Mai gefangenen Schollen – die sogenannten Maischollen – gelten als besonders zart.

Zubereitungszeit:
ca. 30 Minuten
Pro Portion ca. 295 kcal/1235 kJ
42 g E, 9 g F, 10 g KH

Fisch & Meeresfrüchte

KARTOFFEL-FISCH-PFANNE
mit Weißwein

Für 4 Portionen
600 g möglichst k eine Kartoffeln
Salz
600 g Rotbarschfilet
Saft von 1/2 Zitrone
2 El Mehl
1 Zwiebel
2 Knoblauchzehen
2 rote Paprikaschoten
400 g Tomaten
100 g schwarze O iven ohne Kern
3 El Olivenöl
1 El Tomatenmark
150 ml trockener Weißwein
Pfeffer
1 El frischer Oregano

Zubereitungszeit:
ca. 40 Minuten
Pro Portion ca. 520 kcal/2177 kJ
35 g E, 23 g F, 36 g KH

Die Kartoffeln unter fließendem Wasser abbürsten und in einem Topf mit wenig gesalzenen Wasser bedeckt aufkochen. Auf kleiner Stufe ca. 20 Minuten köcheln lassen, bis sie gar sind. Das Wasser abgießen und die Kartoffeln pellen. Inzwischen die Rotbarschfilets unter fließendem kalten Wasser abspülen und mit Küchenkrepp trocken tupfen. Die Filets von beiden Seiten mit Zitronensaft beträufeln, dann salzen. Das Mehl auf der Arbeitsfläche verteilen, die Fischfilets von beiden Seiten darin wenden und beiseitestellen.

Die Zwiebel und den Knoblauch abziehen und sehr fein hacken. Die Paprika waschen, halbieren, Stielansätze herausschneiden, Trennwände und Kerne herauslösen und das Fruchtfleisch würfeln. Die Tomaten über Kreuz einritzen, kurz mit kochendem Wasser überbrühen, mit kaltem Wasser abschrecken, häuten, vierteln, entkernen und von den Stielansätzen befreien. Dann in Würfel schneiden. Die Oliven ebenfalls in Würfel schneiden.

Das Olivenöl in einer tiefen Pfanne erhitzen, die Kartoffeln rundherum anbraten, dann herausnehmen und abgedeckt beiseitestellen. Die Zwiebel mit dem Knoblauch im Olivenöl anschwitzen, dann den Fisch in die Pfanne geben, von beiden Seiten anbraten, herausnehmen und warm stellen. Das Gemüse in die Pfanne geben und 5 Minuten dünsten. Tomatenmark, Olivenstückchen und den Weißwein einrühren, mit Salz, Pfeffer und Zitronensaft abschmecken. Dann den Fisch und die Kartoffeln vorsichtig unterheben, noch einmal kurz erhitzen, mit Oregano bestreuen und servieren.

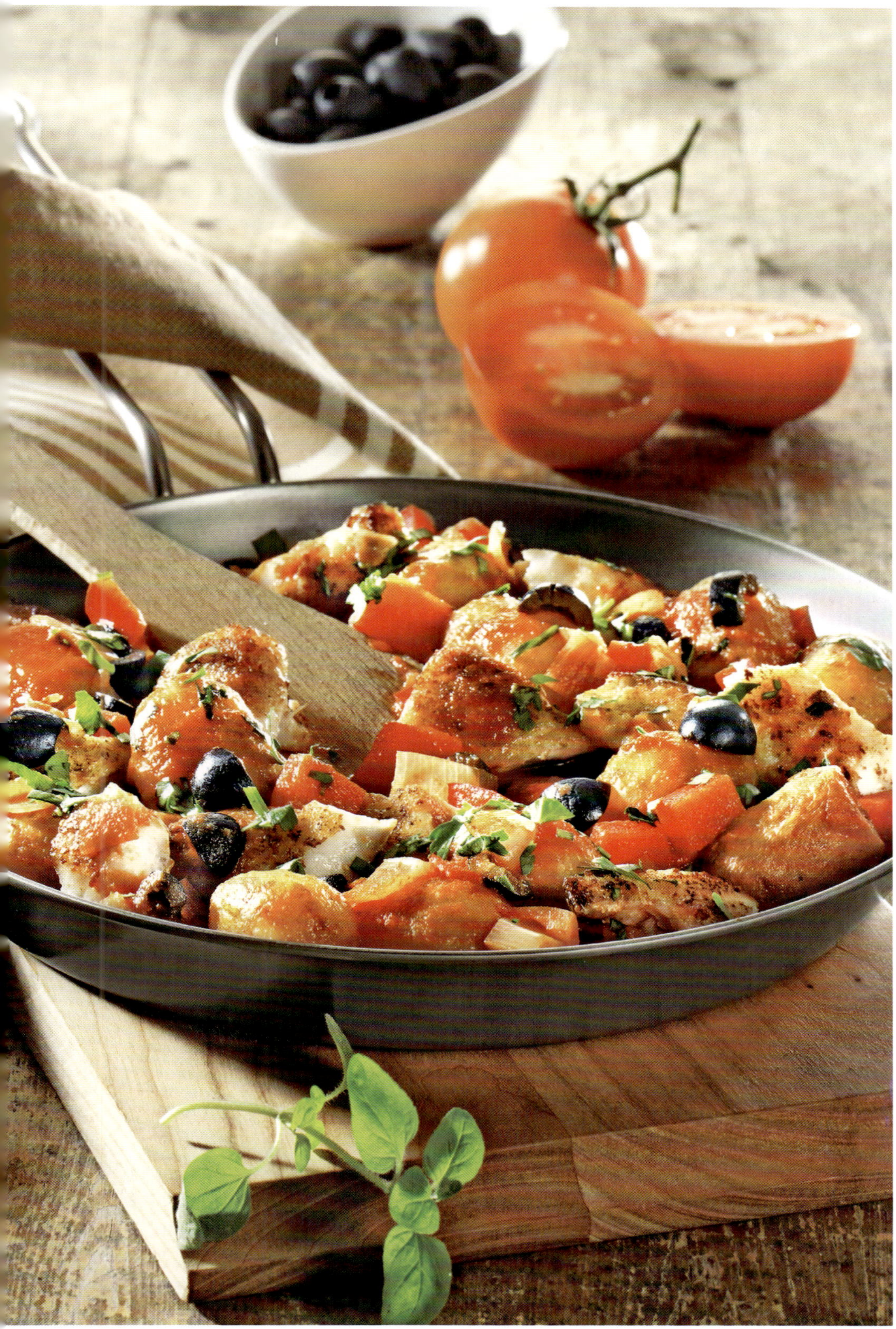

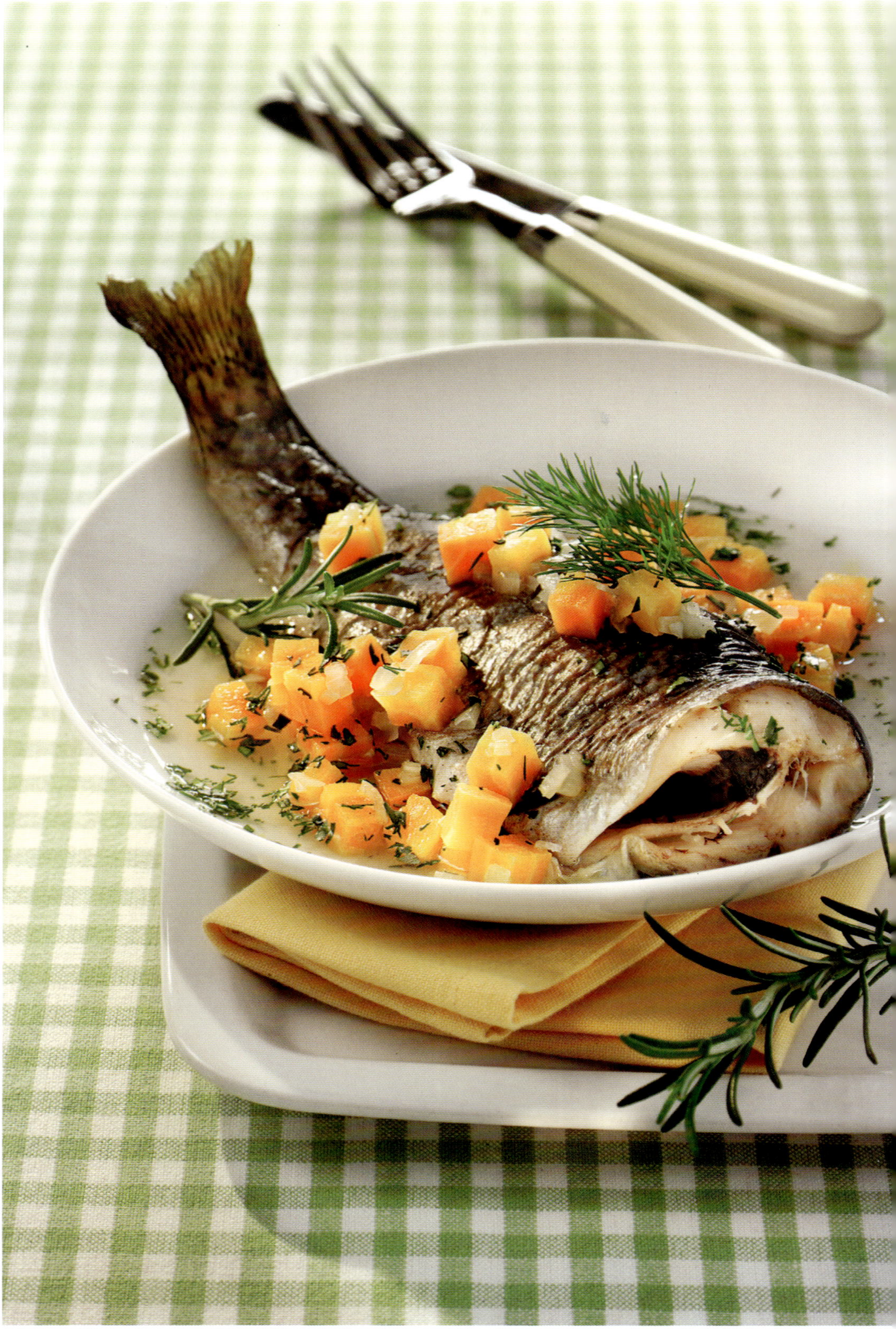

Fisch & Meeresfrüchte

FORELLE
in Weißwein

Schalotte und Knoblauchzehe schälen und fein hacken. Die Möhren putzen, schälen und würfeln. 1 El Olivenöl in einer Pfanne erhitzen und das Gemüse darin einige Minuten andünsten.

Die Forellen innen und außen salzen und pfeffern. In einer zweiten Pfanne das restliche Olivenöl erhitzen und die Forellen darin von jeder Seite 2 Minuten anbraten. Weißwein und Gemüsebrühe angießen und die Gemüse-Oliven-Mischung dazugeben. Alles bei mittlerer Temperatur etwa 20 Minuten köcheln. Die Forellen nach 10 Minuten wenden. Die Fischpfanne mit den Kräutern bestreut servieren.

Für 4 Portionen
1 Schalotte
1 Knoblauchzehe
2 Möhren
3 El Olivenöl
4 küchenfertige Forellen ohne Kopf
Salz
Pfeffer
500 ml trockener Weißwein
250 ml Gemüsebrühe
je 1 El frisch gehackter Dill, Rosmarin und frisch gehackte Petersilie

→ **UNSER TIPP**

Eine Garprobe können Sie machen, indem Sie die Rückenflosse – mit Vorsicht! – herausziehen. Lässt sie sich leicht lösen, ist die Forelle auf jeden Fall gar.

Zubereitungszeit:
ca. 25 Minuten (plus Garzeit)
Pro Portion ca. 333 kcal/1394 kJ
33 g E, 10 g F, 7 g KH

Fisch & Meeresfrüchte

SCAMPI-FISCHPFANNE
mit Gemüse

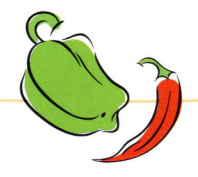

Für 4 Portionen
12 Riesengarnelen ohne Schale
600 g Weißfischfilet
400 g Tomaten
500 g gemischte Paprikaschoten
1 rote Chilischote
100 g Zwiebeln
3 Knoblauchzehen
7 El Olivenöl
Salz
Pfeffer
1 Prise Chilipulver
2 El Weißweinessig
Zucker
1 Bund gemischte Kräuter

Die Scampi am Rücken aufschlitzen und den Darm entfernen. Scampi und Fisch waschen und trocken tupfen. Das Fischfilet in 4 cm große Stücke schneiden.

Die Tomaten heiß überbrühen, Häute, Stielansätze und Kerne entfernen, das Fruchtfleisch würfeln. Die Paprikaschoten mit dem Sparschäler dünn abschälen, halbieren und die Kerne entfernen, das Fruchtfleisch in Streifen schneiden. Die Chilischote putzen, entkernen und würfeln. Zwiebeln und Knoblauch schälen und fein hacken.

Das Öl in einer großen Pfanne erhitzen. Die Scampi darin unter Wenden 2 Minuten braten. Mit Salz, Pfeffer und Chili würzen und herausnehmen. Die Fischstücke im selben Öl 2 Minuten braten. Würzen und herausnehmen.

Das Gemüse in die Pfanne geben und etwa 5 Minuten unter Rühren braten. Würzen, den Essig angießen und mit Zucker abschmecken. Scampi und Fisch zum Gemüse geben und alles weitere 3 Minuten schmoren. Die Kräuter waschen, trocken schütteln und fein hacken. In die Pfanne geben, untermischen und sofort servieren. Dazu schmeckt frisches Brot.

Zubereitungszeit:
ca. 55 Minuten
Pro Portion ca. 560 kcal/2345 kJ
90 g E, 16 g F, 13 g KH

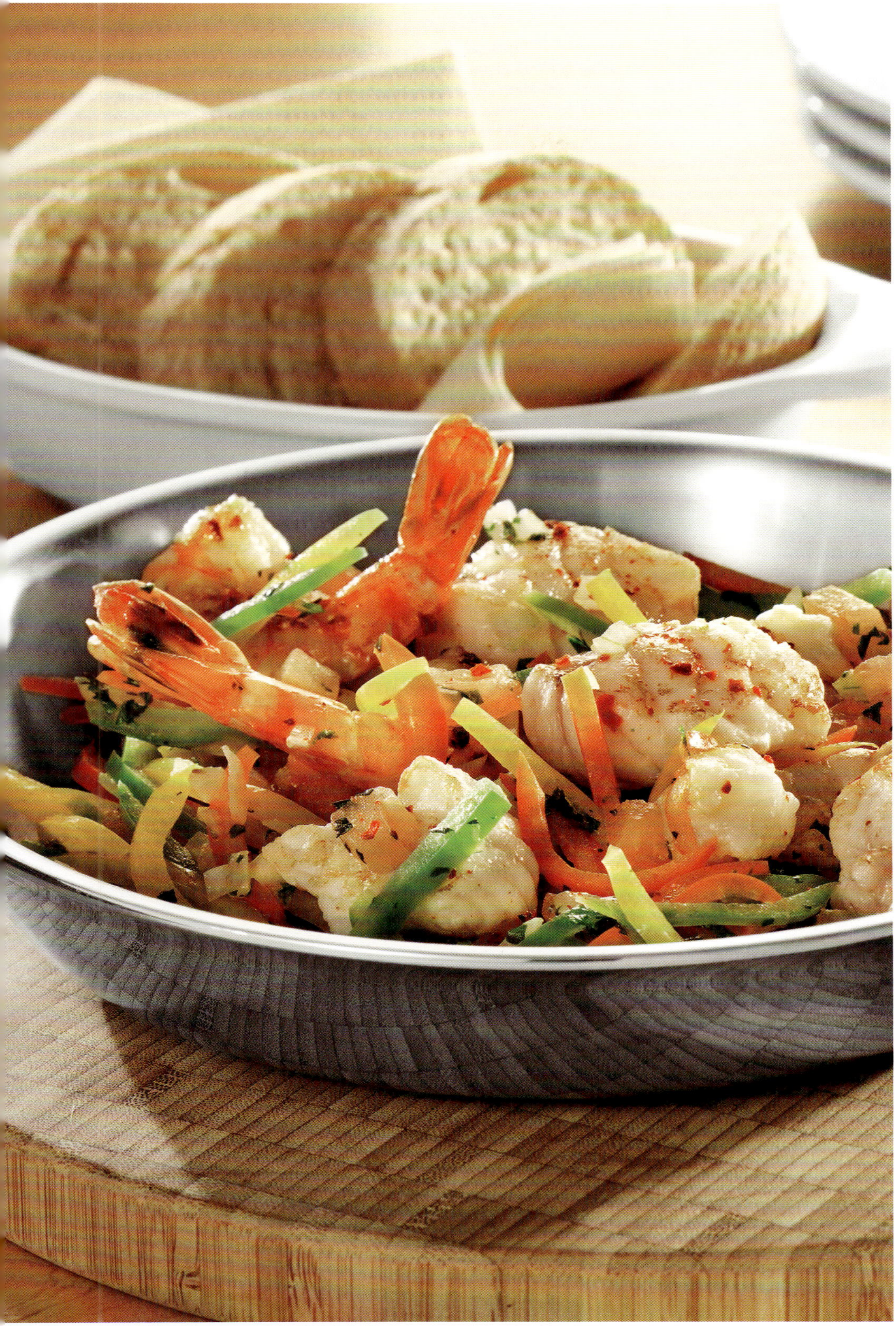

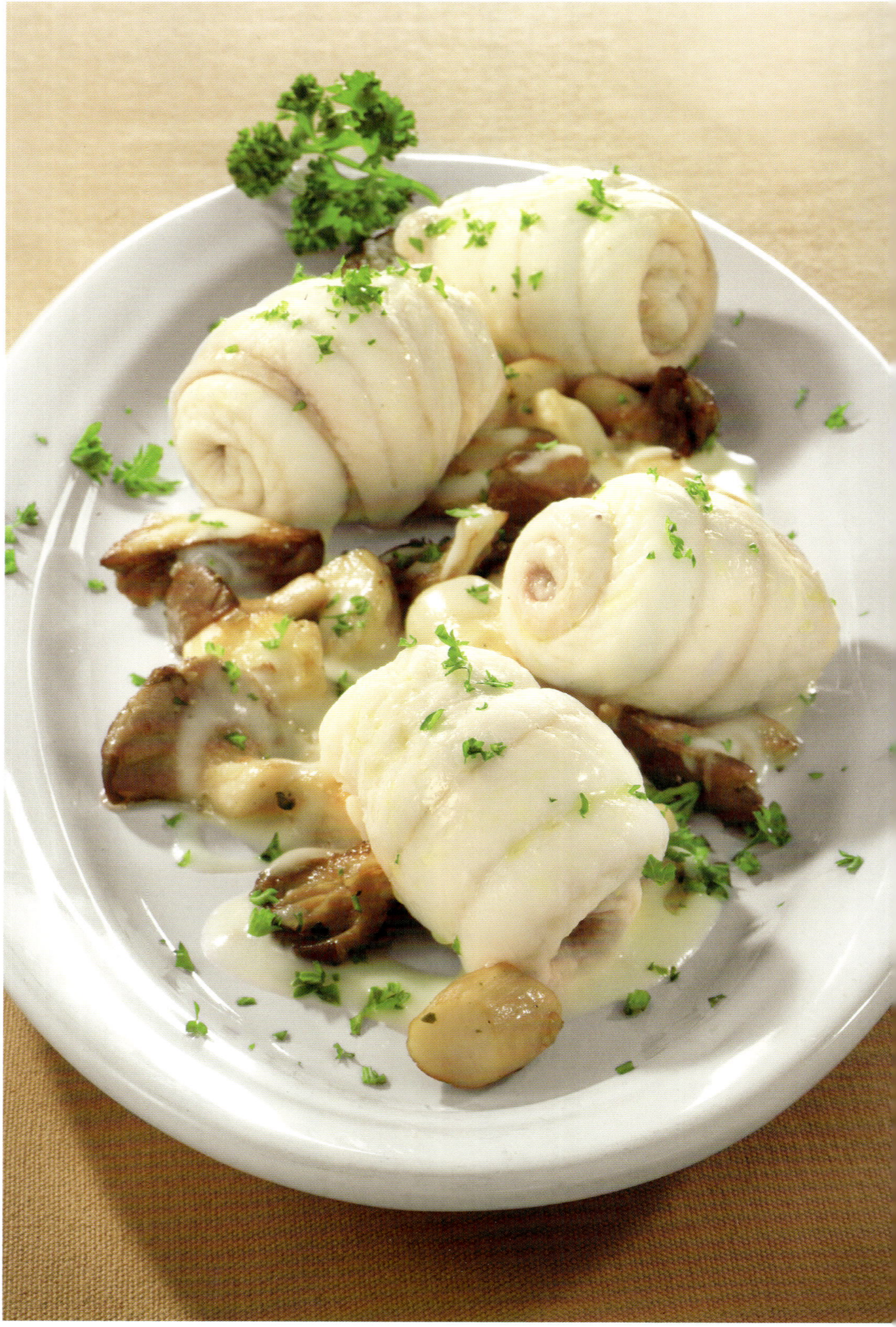

Fisch & Meeresfrüchte

SEEZUNGENFILETS
mit Pilzen

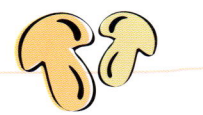

Das Seezungenfilet mit Zitronensaft beträufeln, mit Salz und Pfeffer würzen. In 4 Stücke teilen.

Die Kräuterseitlinge putzen und klein schneiden. Würzen.

Die Zwiebel schälen und hacken. Die Butter erhitzen und die Zwiebel darin glasig schmoren.

Die Pilze zugeben und 5 Minuten mitschmoren. Den Wein und die Crème fraîche einrühren und mit Salz und Cayennepfeffer würzen.

Die Fischfilets zusammenrollen und auf die Pilze legen. Abgedeckt bei geringer Temperatur etwa 8 Minuten garen.

Mit der gehackten Petersilie bestreut servieren.

Für 4 Portionen
800 g Seezungenfilet
1 El Zitronensaft
Salz
Pfeffer
500 g Kräuterseitlinge
1 Zwiebel
2 El Butter
100 ml Weißwein
4 El Crème fraîche
1 Prise Cayennepfeffer
1/2 Bund glatte Petersilie

→ **UNSER TIPP**

So erkennen Sie frischen Fisch: Das Fleisch sollte feucht und klar sein, fest und weiß, die Schnittfläche glatt. Weiches, schlaffes Fleisch weist auf alten Fisch hin.

Zubereitungszeit:
ca. 20 Minuten (plus Garzeit)
Pro Portion ca. 245 kcal/1026 kJ
39 g E, 6 g F, 3 g KH

Fisch & Meeresfrüchte

PAELLA
mit Meeresfrüchten

Für 4 Portionen
1 Zwiebel
1 Knoblauchzehe
2 El Olivenöl
225 g Langkornreis
Salz
Pfeffer
Safranfäden
600 ml Hühnerbrühe
200 g Erbsen
100 g gekochtes Hühnerfleisch
100 g gekochter Schinken
150 g geschälte Garnelen
600 g Miesmuscheln
300 g Venusmuscheln
10 El Weißwein
8 Garnelen in Schalen
4 El frisch gehackte Petersilie

Die Zwiebel und Knoblauchzehe schälen und fein hacken. Das Öl in einer großen Pfanne erhitzen und die Zwiebel mit dem Knoblauch darin anschmoren. Den Reis zugeben und unter Rühren kurz mitschmoren. Mit Salz, Pfeffer und einigen Safranfäden würzen. Die Hühnerbrühe angießen, aufkochen und den Reis etwa 10 Minuten köcheln.

Die Erbsen waschen und abtropfen lassen. Das Hühnerfleisch und den Schinken würfeln. Erbsen, geschälte Garnelen, Hühnerfleisch und Schinken zum Reis geben und alles weitere 4 Minuten garen.

Die Muschelsorten unter fließendem Wasser gründlich bürsten, geöffnete Schalen wegwerfen. In einem großen Topf mit dem Wein etwa 3 Minuten köcheln, bis sich die Schalen öffnen. Jetzt noch geschlossene Muscheln entfernen. Die Garnelen in Schalen im Sud erwärmen.

Einige Muscheln aus den Schalen lösen und unter die Paella heben. Paella auf einer vorgewärmten Platte anrichten und mit Petersilie bestreuen.

Zubereitungszeit:
ca. 40 Minuten
Pro Portion ca. 673 kcal/2818 kJ
73 g E, 13 g F, 64 g KH

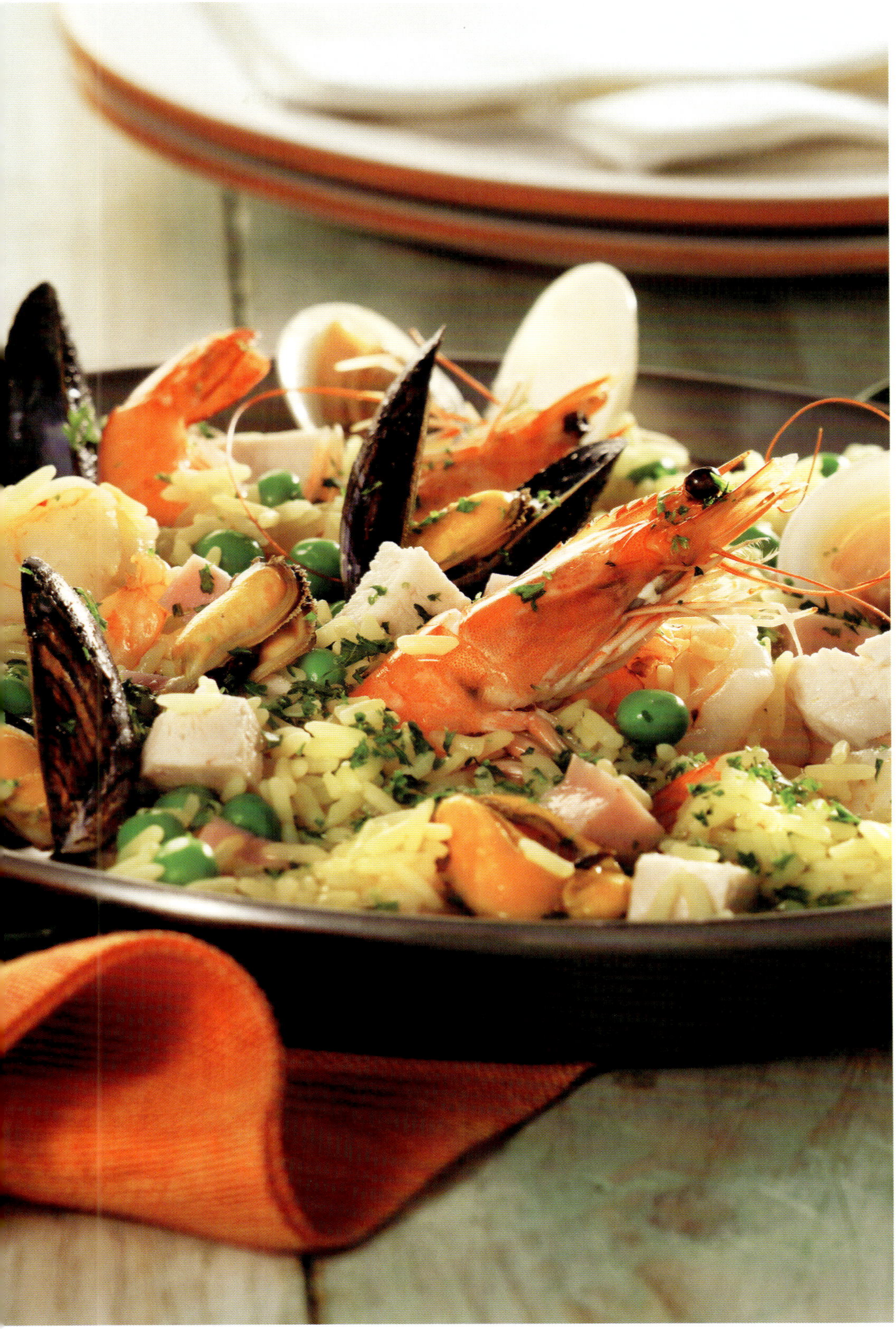

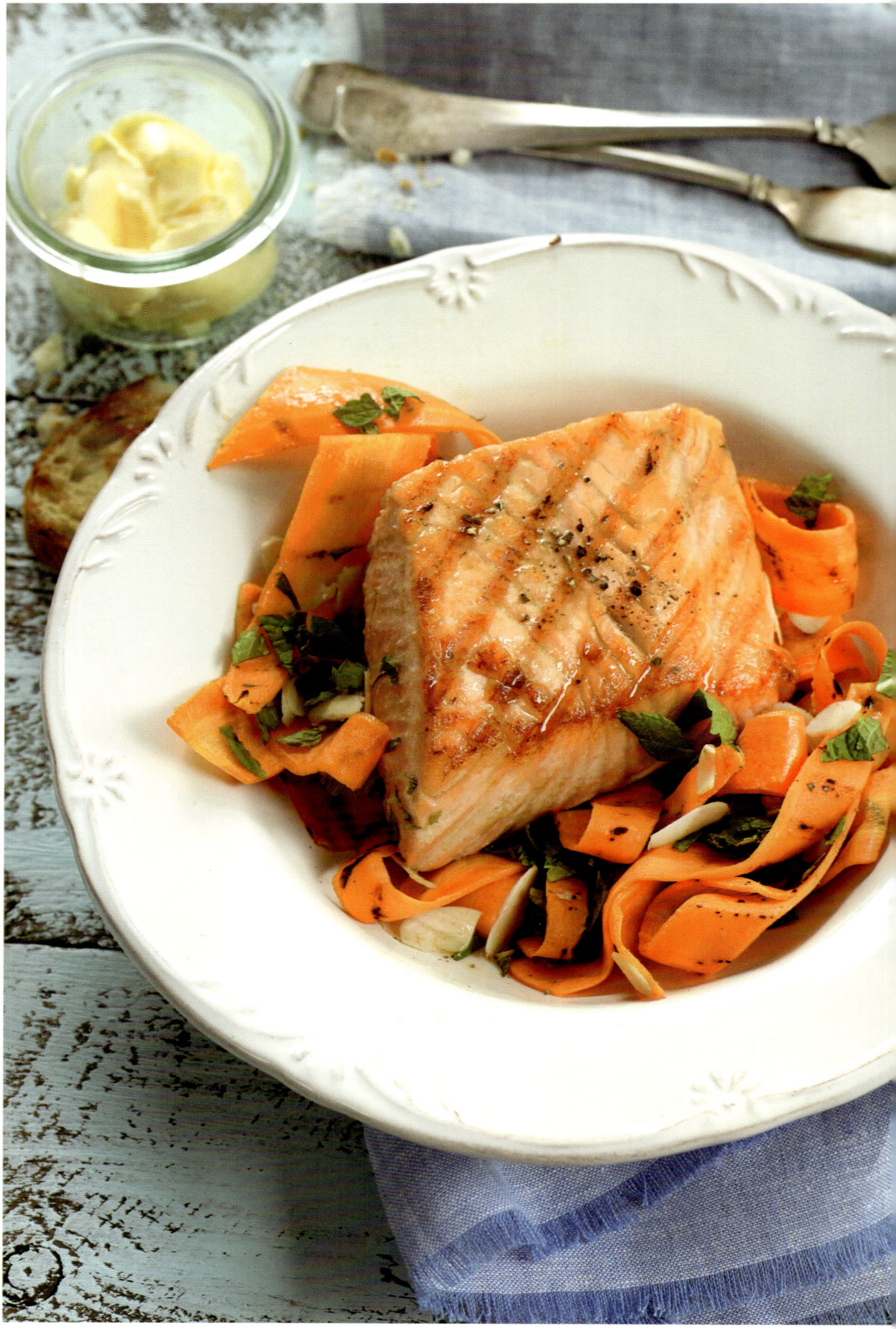

Fisch & Meeresfrüchte

GLASIERTER LACHS
mit Gewürzmöhren

Die Möhren waschen, schälen, putzen und in hauchdünne Scheiben hobeln. 1 El Olivenöl in einer Grillpfanne erhitzen, die Möhren hineingeben und kurz anrösten. Hitze reduzieren und die Möhren bei mittlerer Hitze 3–5 Minuten dünsten, bis sie beginnen, weich zu werden.

Währenddessen 2 El Olivenöl mit dem Honig, Senf und 1 El Limettensaft in einer kleinen Schüssel verrühren. Die Lachsfilets waschen, trocken tupfen und in der Sauce wenden.

Die Möhren an den Pfannenrand schieben und den Fisch in die Mitte legen. Mit Salz und Pfeffer würzen und den Lachs von beiden Seiten etwa 7 Minuten goldbraun braten.

In einer Schüssel restliches Olivenöl und Limettensaft verrühren. Gewürze, Minze und Mandelblättchen zugeben. Den Lachs aus der Pfanne nehmen, warm stellen. Die Gewürzsauce in die Möhren geben, kurz durchschwenken, mit Pfeffer und Salz abschmecken und zum Lachs servieren. Dazu knuspriges Ciabatta reichen.

Für 4 Portionen
500 g Möhren
4 El Olivenöl
2 El Honig
1 El Dijonsenf
2 El Limettensaft
4 Lachsfilets (à ca. 150 g)
Salz
Pfeffer
1/2 Tl gemahlener Koriander
1/4 Tl Kreuzkümmel
1 Prise Zimt
3 El grob gehackte
   frische Minze
4 El Mandelblättchen
1 Ciabatta

Zubereitungszeit:
ca. 30 Minuten
Pro Portion ca. 635 kcal/2659 kJ
47 g E, 32 g F, 57 g KH

Fisch & Meeresfrüchte

Gebackener
KARPFEN

Für 4 Portionen
1–2 küchenfertige Karpfen
 ohne Kopf, gewässert
 und halbiert
Salz
Pfeffer
200 g Mehl
250 g Butterschmalz
Zitronenscheiben

Die Karpfen waschen und trocken tupfen. Mit Salz und Pfeffer würzen. Das Mehl auf einen Teller geben und die Karpfen darin wenden. Überschüssiges Mehl abschütteln.

Das Butterschmalz in einer großen Pfanne erhitzen und die Karpfenhälften im Butterschmalz schwimmend ausbacken, bis die Haut goldbraun ist.

Karpfen auf Küchenpapier abtropfen lassen und mit Zitronenscheiben servieren. Dazu Salzkartoffeln reichen.

Zubereitungszeit:
ca. 15 Minuten (p us Backzeit)
Pro Portion ca. 734 kcal/3073 kJ
41 g E, 47 g F, 37 g KH

→ **UNSER TIPP**

Der Karpfen kann auch in Teig ausgebacken werden. Dazu schmeckt Remouladensauce.

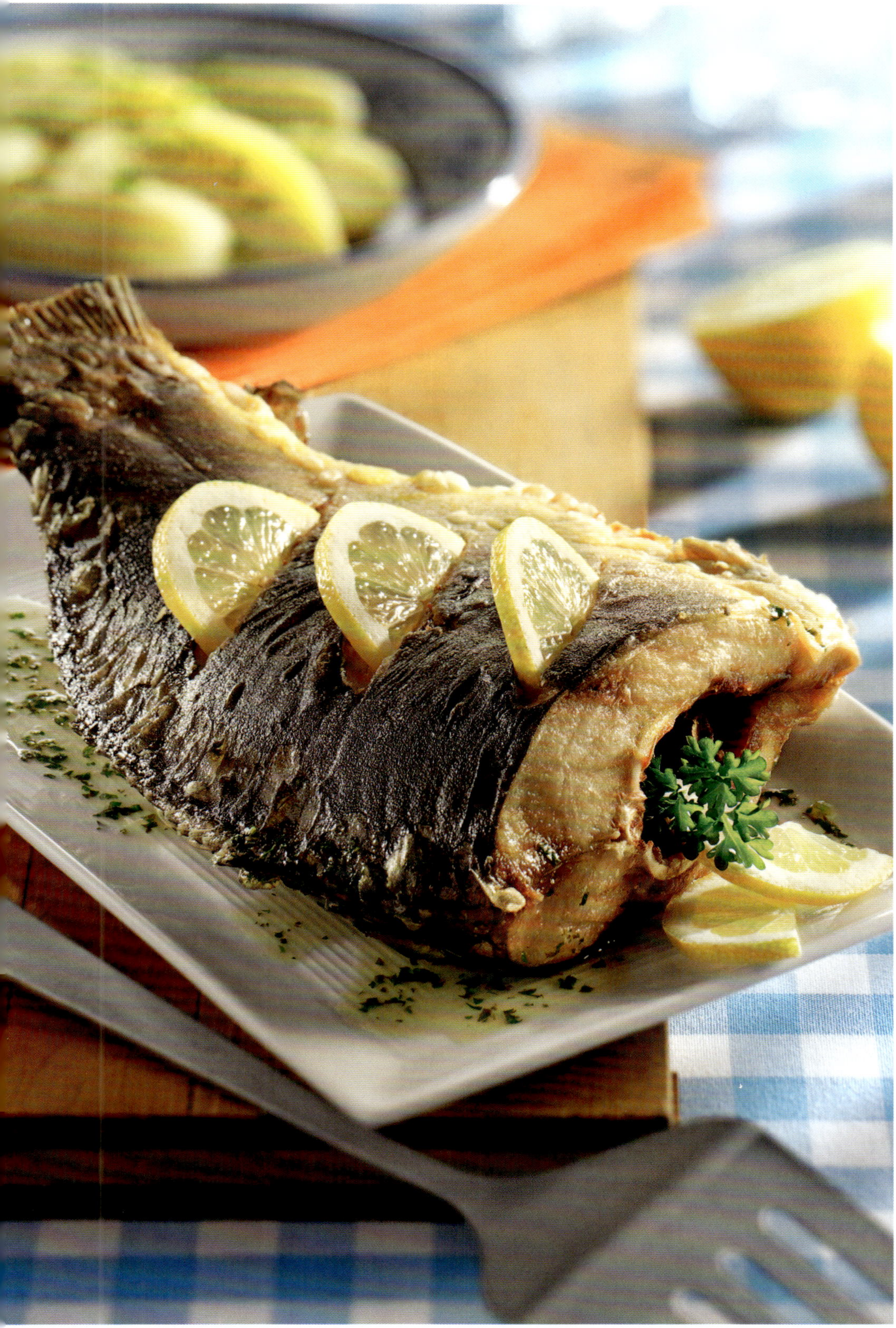

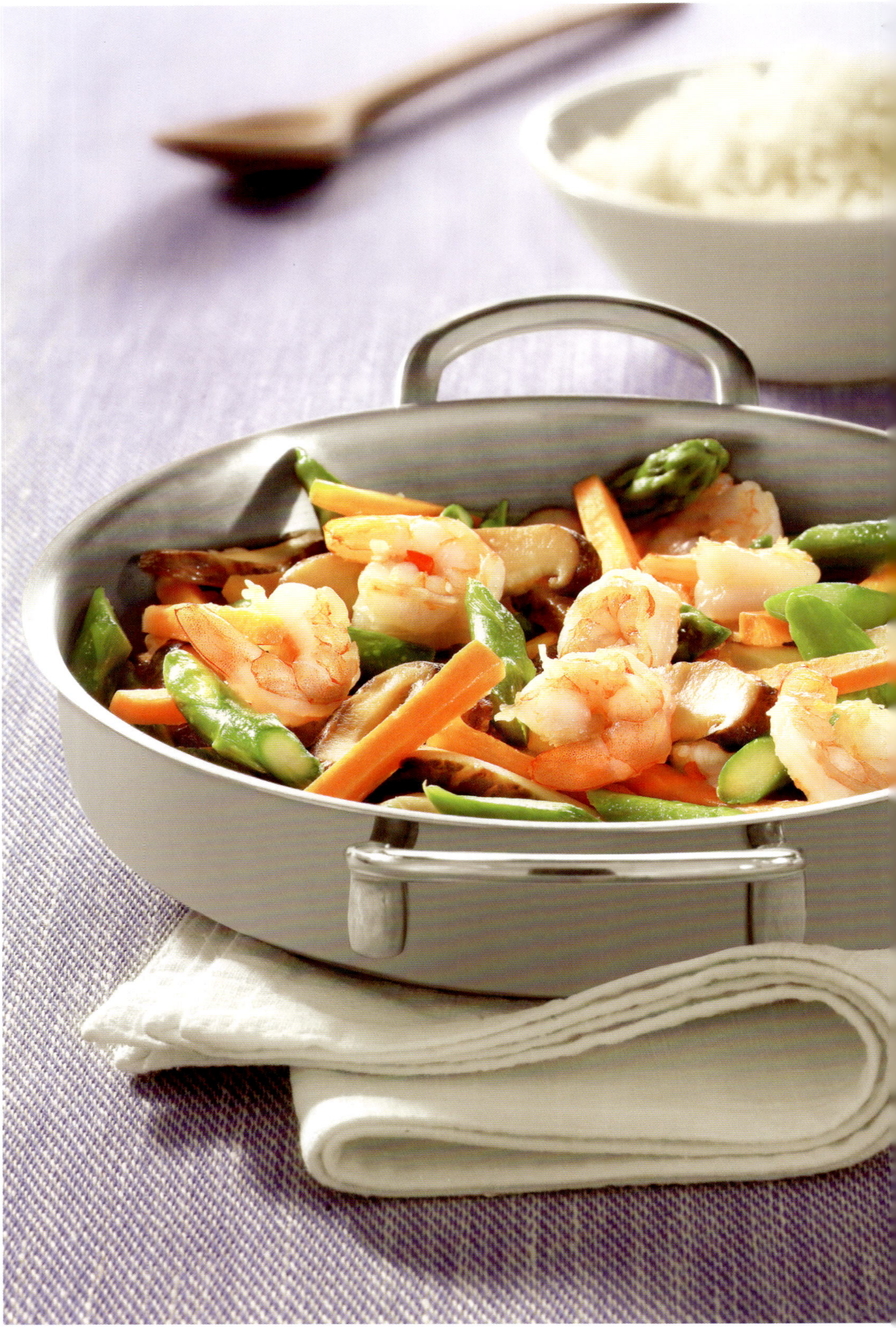

Fisch & Meeresfrüchte

SPARGELPFANNE
mit Garnelen

Die Pilze etwa 10 Minuten in warmem Wasser einweichen. Inzwischen die Möhren schaben und in Stifte schneiden, die Spargelstangen im unteren Drittel schälen und schräg in Stücke schneiden. Spargel in kochendem Salzwasser 5 Minuten blanchieren. Pilz-Einweichwasser abgießen, harte Stiele entfernen, die Pilzhüte in Streifen schneiden.

Öl in einer tiefen Pfanne erhitzen. Knoblauch schälen und würfeln. Chilischote putzen, entkernen und fein hacken. Beides im heißen Öl andünsten. Abgetropften Spargel, Pilze und Möhrenstifte zugeben und 3 Minuten unter Rühren darin braten.

Hühnerbrühe und Austernsauce angießen und aufkochen. Die Garnelen hinzufügen und 3 Minuten mitschmoren. Mit Salz und Pfeffer abschmecken. Dazu Reis reichen.

Für 4 Portionen
6 getrocknete Shiitakepilze
250 g Möhren
750 g grüner Spargel
Salz
3 El Sesamöl
2 Knoblauchzehen
1 rote Chilischote
200 ml Hühnerbrühe
3 El Austernsauce
150 g geschälte Garnelen
Pfeffer

→ **UNSER TIPP**

Nach Belieben können Sie dieses pikante Frühlingsgericht noch mit gerösteten Erdnüssen oder Cashewkernen verfeinern.

Zubereitungszeit:
ca. 30 Minuten
Pro Portion ca. 233 kcal/976 kJ
18 g E, 6 g F, 33 g KH

Fisch & Meeresfrüchte

GEBRATENE RENKE
auf Kohlrabipüree

Für 4 Portionen
4 küchenfertige Renken
Salz
4 mittelgroße Zwiebeln
2 El frisch gehackter Kerbel
100 g Mehl
120 g Butter
3 Kohlrabi
2 Schalotten
125 ml Gemüsebrühe
Pfeffer
Muskat
750 ml saure Sahne
2 El frisch gehackter Dill
2 El frisch gehackte Petersilie

Die Renken waschen, trocken tupfen und innen und außen mit Salz einreiben. Die Zwiebeln schälen und fein hacken. Zwiebeln und Kerbel in die Bauchhöhlen füllen. Auf einen Teller Mehl geben und die Renken darin wenden.

100 g Butter in einer großen Pfanne schmelzen, die Fische darin von allen Seiten etwa 20 Minuten braten und öfter wenden, bis sie gut mit Fett überzogen sind.

Inzwischen die Kohlrabi schälen und fein würfeln. Die Schalotten schälen und hacken. Restliche Butter erhitzen und die Schalotten darin glasig schmoren. Die Kohlrabiwürfel dazugeben und andünsten. Die Brühe angießen und die Kohlrabi 15 Minuten weich garen. Pürieren und mit Salz, Pfeffer und Muskat abschmecken.

Fische aus der Pfanne nehmen und warm stellen. Den Bratensatz mit der sauren Sahne aufkochen, die Kräuter unterrühren und mit Salz und Pfeffer abschmecken. Renken mit der Sahnesauce und Kohlrabipüree servieren.

Zubereitungszeit:
ca. 40 Minuten (plus Garzeit)
Pro Portion ca. 764 kcal/3199 kJ
47 g E, 51 g F, 30 g KH

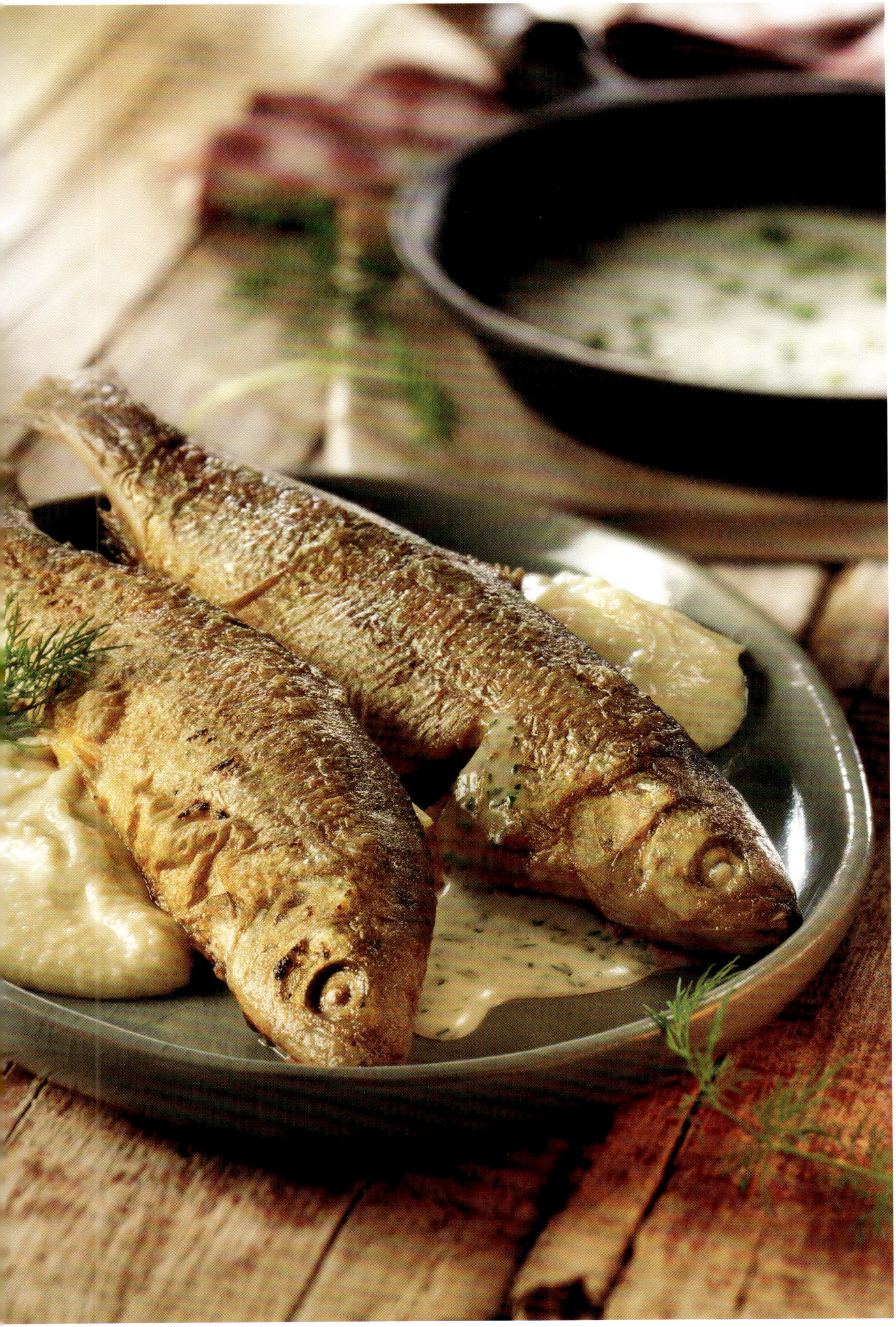

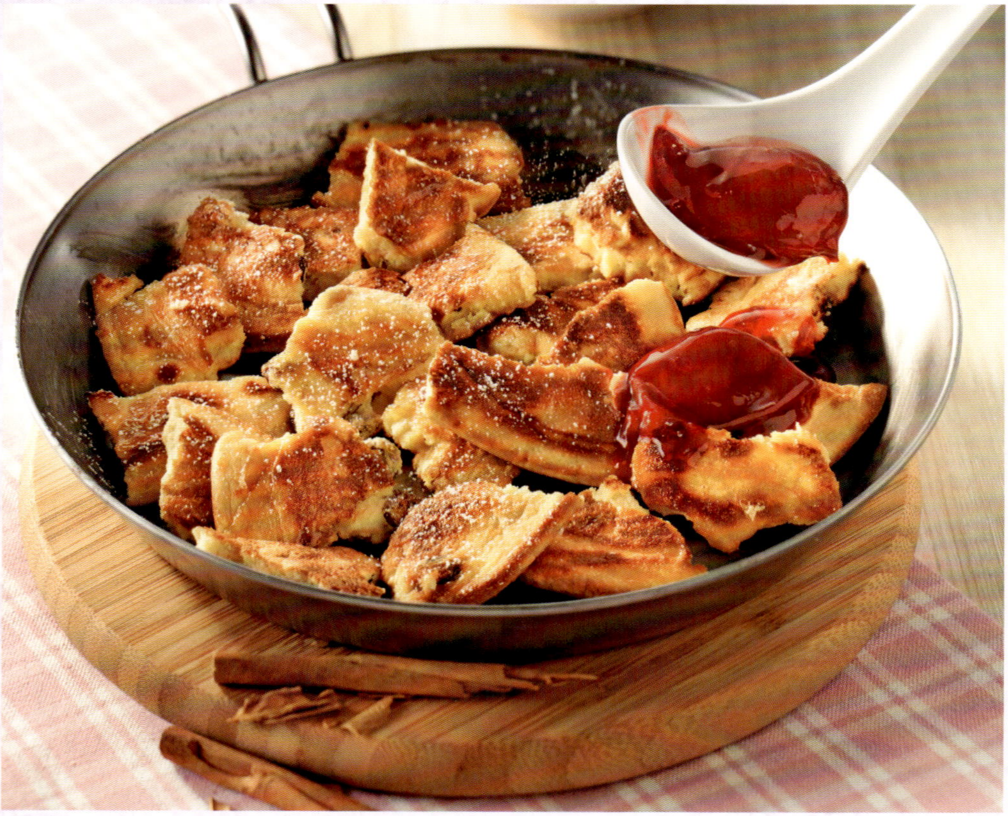
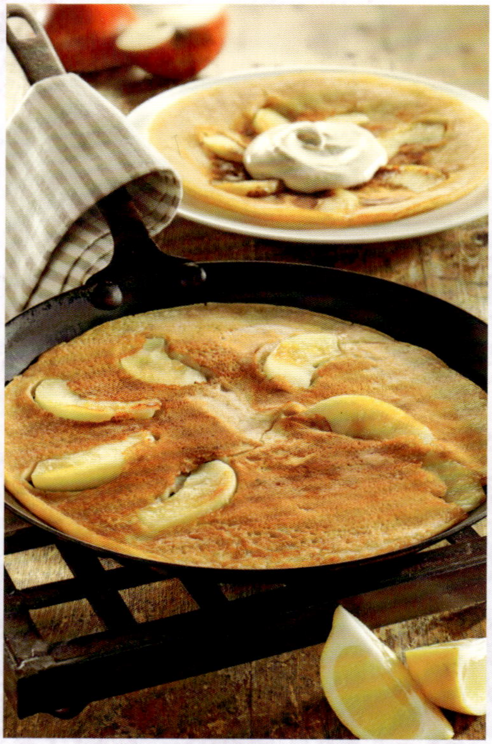
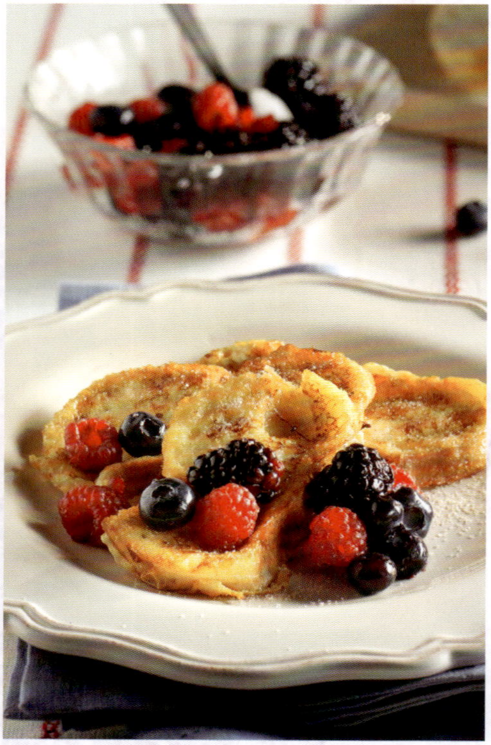

DESSERTS & SÜßSPEISEN

Desserts & Süßspeisen

APFELPFANNKUCHEN
mit Likörsahne

Für 4 Portionen

Für die Pfannkuchen
200 g Weizenmehl
3 Eier
250 ml Milch
1 Prise Salz
4 El Whisky-Sahne-Likör
2 große, rotschalige Äpfel
1 El Zitronensaft

Für die Likörsahne
200 ml Sahne
1/2 P. Vanillezucker
4 El Whisky-Sahne-Likör

Außerdem
Butter zum Backen
Puderzucker zum Bestäuben

Das Mehl in eine Schüssel sieben. Eier mit Milch, Salz und dem Whisky-Sahne-Likör verschlagen und nach und nach unter das Mehl rühren. Darauf achten, dass keine Klümpchen entstehen. Den Teig 20 Minuten ruhen lassen.

In der Zwischenzeit die Äpfel waschen, trocken tupfen, vierteln, entkernen und in dünne Spalten schneiden. Sofort mit Zitronensaft beträufeln. Die Sahne mit Vanillezucker und dem Whisky-Sahne-Likör halb steif schlagen.

Etwas Butter in einer Pfanne erhitzen. Den Teig noch einmal durchrühren. Ein Viertel der Apfelspalten in die Pfanne legen, ein Viertel des Teigs darübergießen. Den Pfannkuchen von beiden Seiten goldgelb backen und warm stellen. Aus dem restlichen Teig und den restlichen Äpfeln 3 weitere Pfannkuchen backen.

Die Apfelpfannkuchen auf Tellern anrichten und mit der Likörsahne servieren.

Zubereitungszeit:
ca. 45 Minuten
Pro Portion ca. 465 kcal/1947 kJ
15 g E, 25 g F, 42 g KH

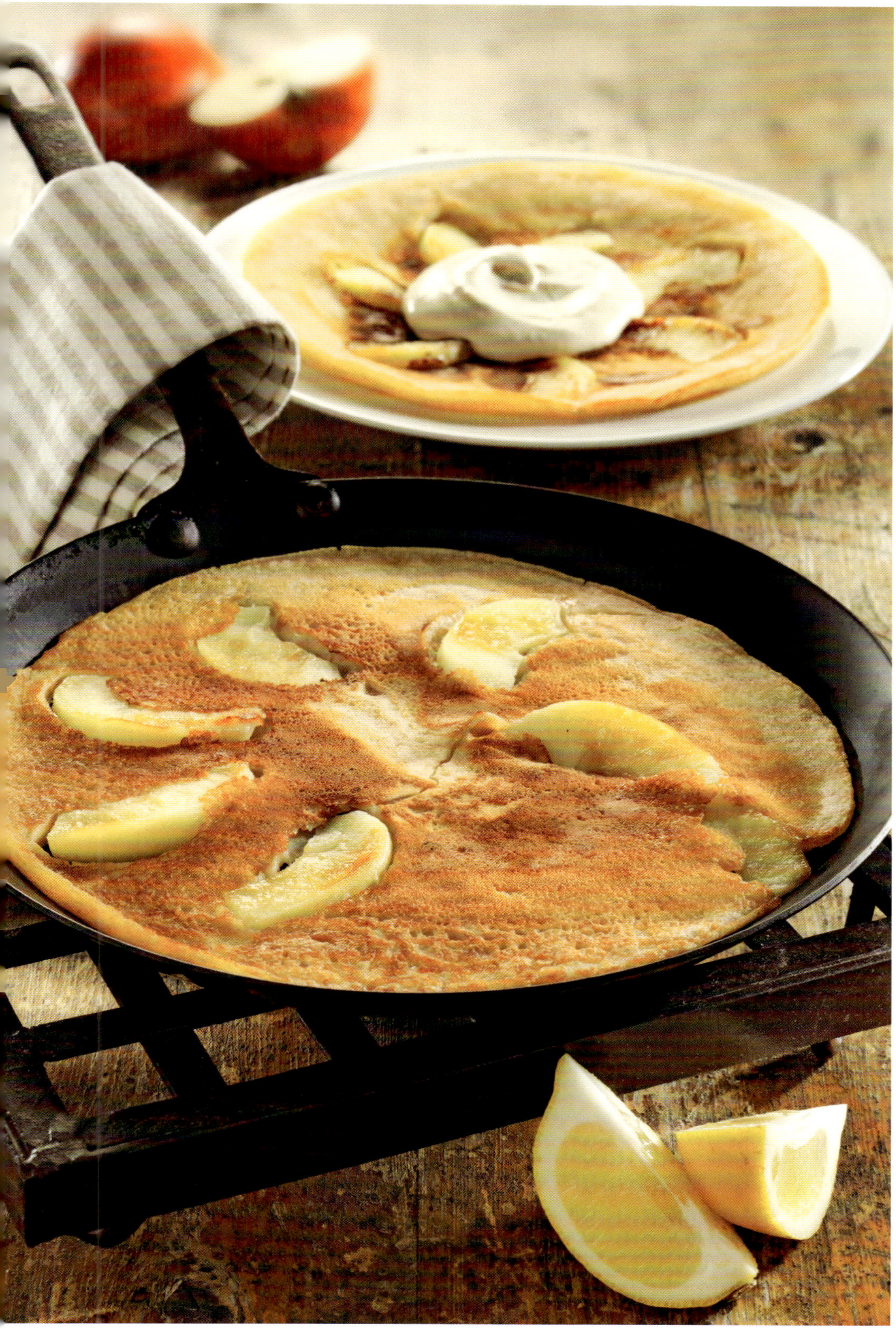

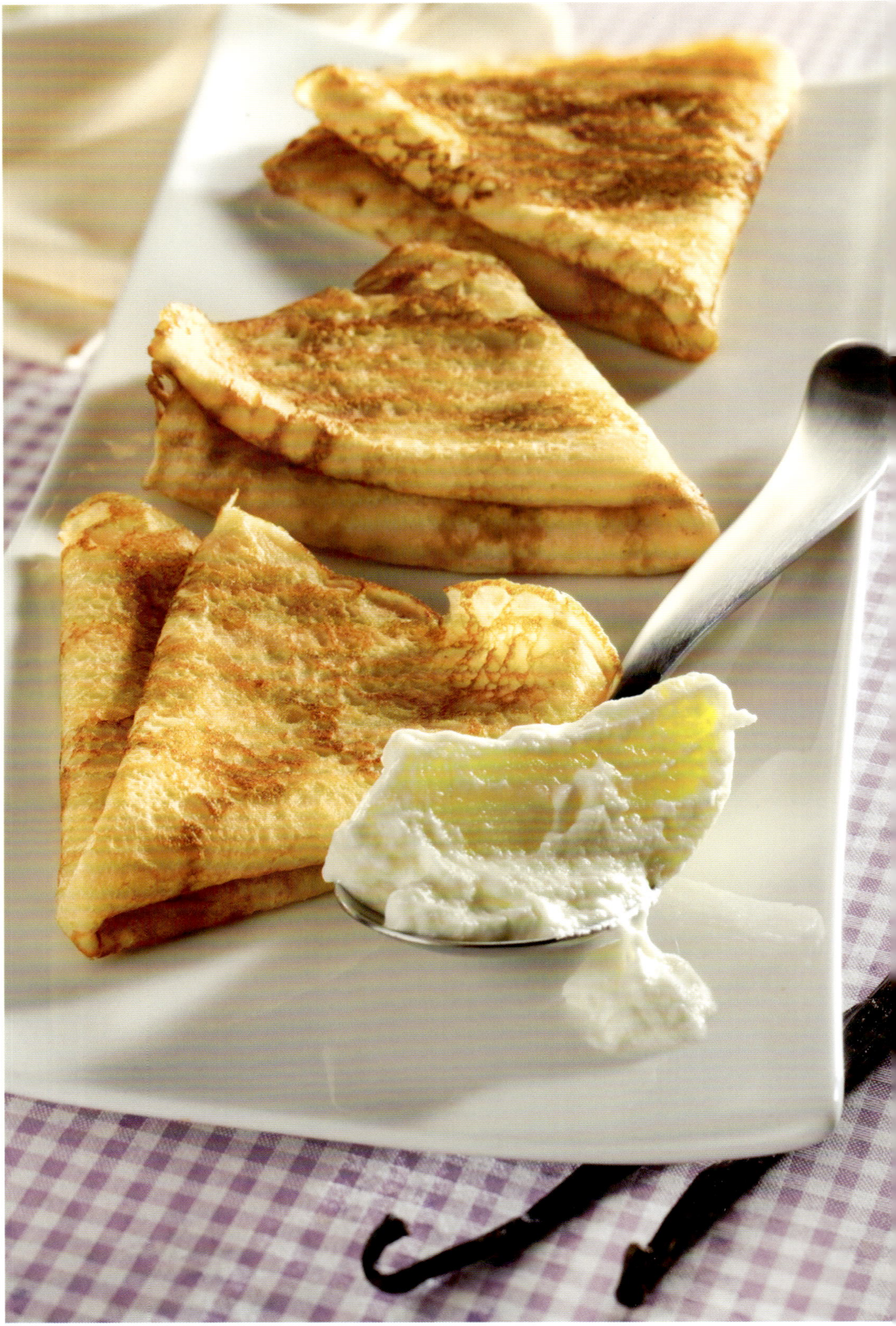

VANILLECRÊPES
mit Calvadosäpfeln

Das Mehl in eine Rührschüssel sieben. Vanillemark, Sahne, Milch und Salz zum Mehl geben. Alles zu einem geschmeidigen Teig verrühren. Ei und Eigelb nacheinander unterrühren. Darauf achten, dass keine Klümpchen entstehen. Den Teig 30 Minuten ruhen lassen.

In der Zwischenzeit für die Äpfel den Zucker in einem Topf langsam schmelzen lassen. Die Butter zugeben und unter Rühren zerlassen. Mit Weißwein ablöschen und den Ahornsirup unterrühren.

Die Äpfel waschen, schälen, entkernen, achteln und in kleine Spalten schneiden. Sofort mit dem Zitronensaft beträufeln. Die Apfelspalten zu der Mischung in den Topf geben und bei schwacher Temperatur darin weich dünsten. Den Topf vom Herd ziehen und den Calvados unterrühren. Die Sahne steif schlagen und unter die Apfelmasse heben.

Wenig Öl in einer beschichteten Pfanne oder Crêpe-Pfanne erhitzen. Den Teig noch einmal gut durchrühren und eine dünne Teiglage gleichmäßig auf dem Boden der Pfanne verteilen. Die Crêpes von beiden Seiten goldbraun backen. So fortfahren, bis der Teig verbraucht ist, die fertigen Crêpes warm stellen.

Die Crêpes dreieckig zusammenfalten und mit den Calvadosäpfeln servieren.

Für 4 Portionen

Für die Crêpes
125 g Weizenmehl
Mark von 1 Vanilleschote
60 ml Sahne
125 ml Milch
1 Prise Salz
1 Ei
2 Eigelb

Für die Calvadosäpfel
75 g Zucker
100 g Butter
125 ml Weißwein
2 El Ahornsirup
3 Äpfel (z. B. Boskop)
Saft von 1 Zitrone
4 cl Calvados
100 ml Sahne

Außerdem
Speiseöl zum Backen

Zubereitungszeit:
ca. 50 Minuten
Pro Portion ca. 541 kcal/2265 kJ
8 g E, 37 g F, 14 g KH

Desserts & Süßspeisen

KAISERSCHMARRN
mit Zwetschgenkompott

Für 4 Portionen

Für das Zwetschgenkompott
500 g Zwetschgen
5 El Rotwein oder Pflaumensaft
80 g Zucker
1/2 P. Vanillezucker
1/2 Tl Zimt
1 Tl Speisestärke

Für den Kaiserschmarrn
4 Eier
100 g Weizenmehl
1 Prise Salz
1/2 P. Vanillezucker
200 ml Milch
50 g Rosinen

Außerdem
Speiseöl zum Backen
Puderzucker zum Bestäuben

Die Zwetschgen waschen, trocken tupfen, vierteln und entsteinen. Mit Rotwein oder Saft, Zucker, Vanillezucker und Zimt in einen Topf geben und aufkochen lassen. Die Früchte bei schwacher Hitze in ca. 5 Minuten weich garen. Speisestärke mit etwas Wasser anrühren und das Kompott damit andicken. Das Kompott abkühlen lassen oder warm halten.

Für den Kaiserschmarrn die Eier trennen. Das Eiweiß steif schlagen. Eigelb, Mehl, Salz, Vanillezucker und Milch in eine Rührschüssel geben und zu einem glatten Teig verrühren. Den Eischnee und die Rosinen unterheben.

Etwas Öl in einer Pfanne erhitzen. Ein Viertel des Teiges in die Pfanne geben und bei mittlerer Hitze so lange backen, bis die Unterseite des Pfannkuchens gebräunt ist. Den Teig vierteln, wenden und goldgelb backen, bis er fast gar ist.

Den Schmarrn mit 2 Gabeln in kleine Stücke reißen und noch kurz weiterbräunen. Auf einem Teller anrichten und warm stellen. Aus dem restlichen Teig 3 weitere Schmarrn zubereiten.

Zum Servieren den Kaiserschmarrn mit Puderzucker bestäuben. Dazu das Zwetschgenkompott reichen.

Zubereitungszeit:
ca. 45 Minuten
Pro Portion ca. 390 kcal/1633 kJ
14 g E, 12 g F, 62 g KH

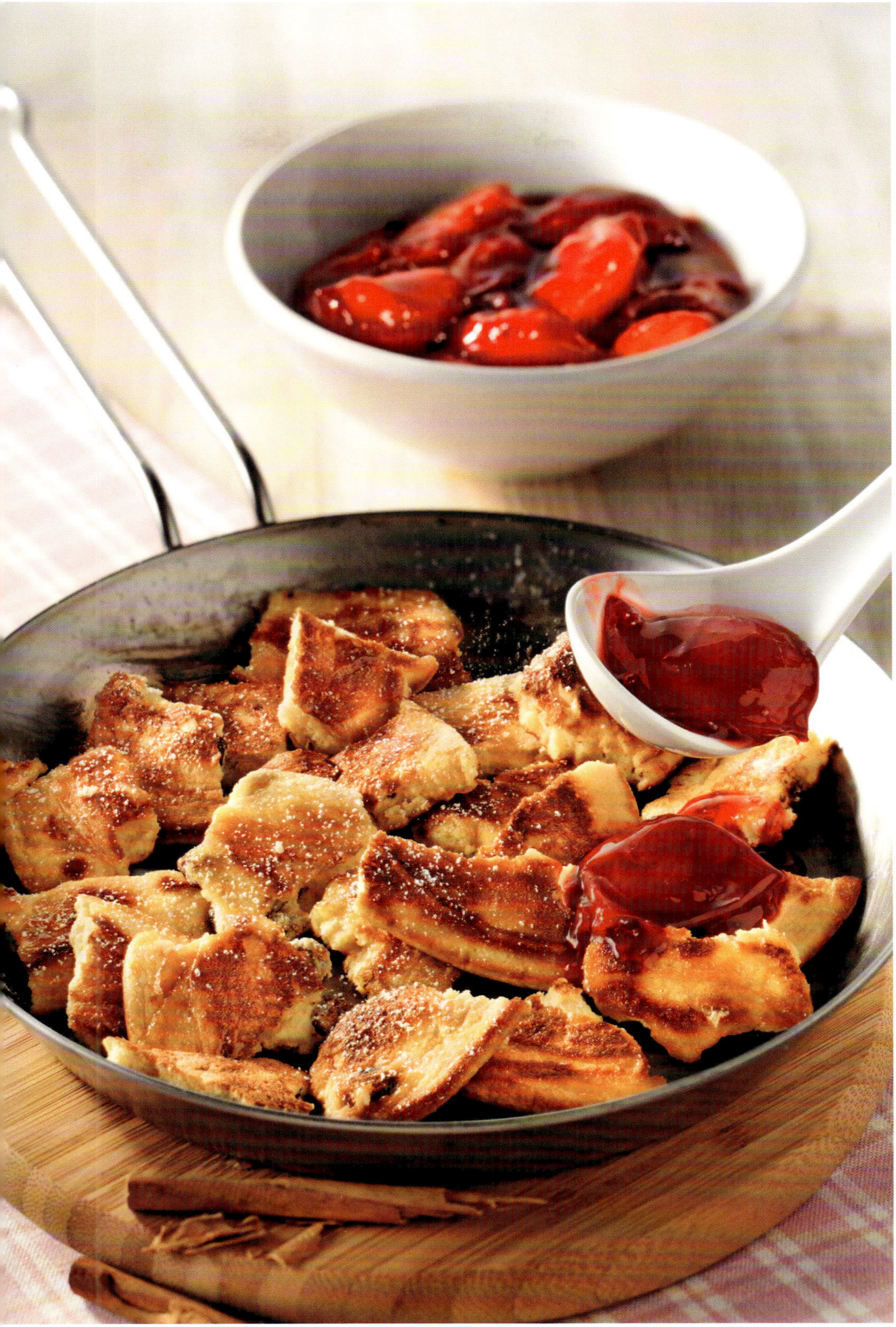

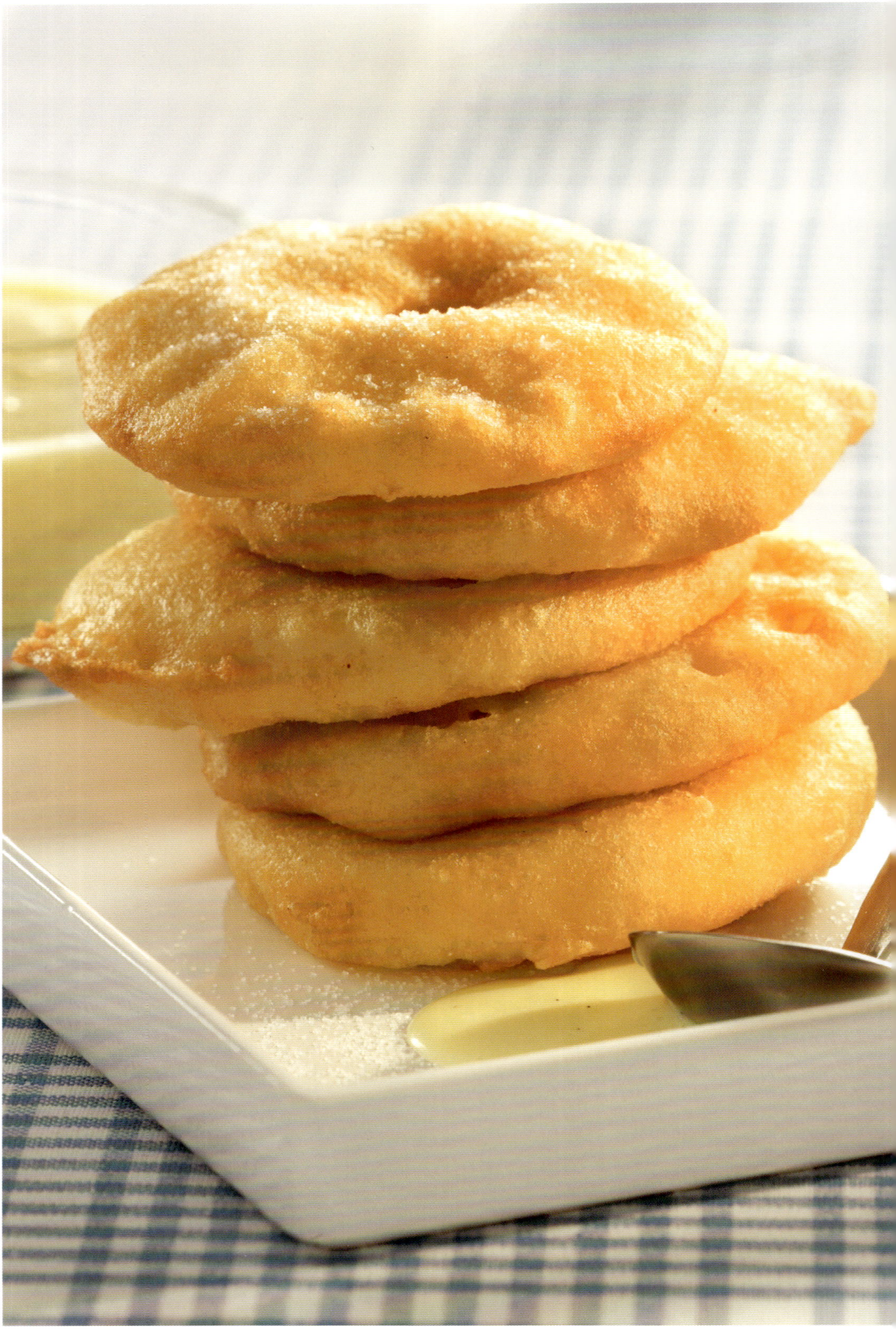

Desserts & Süßspeisen

APFELRINGE
mit Vanillesauce

Äpfel schälen, Kerngehäuse ausstechen und die Äpfel in dickere Ringe schneiden. Zitronensaft mit 20 g Zucker und dem Calvados verrühren und die Äpfel darin etwa 20 Minuten einlegen.

Mehl mit Bier, restlichem Zucker und Salz verrühren und 15 Minuten quellen lassen.

Butter schmelzen, Eier trennen, Eiweiß steif schlagen. Butter und Eigelb unter den Teig rühren, Eischnee unterheben.

Das Butterschmalz in einer tiefen Pfanne erhitzen. Apfelringe nacheinander in den Bierteig tunken, kurz abtropfen lassen und im heißen Schmalz goldbraun ausbacken. Auf Küchenpapier abtropfen lassen. Mit Zucker bestreuen.

Für die Sauce 2 El Milch mit Zucker und Eigelb verrühren. Milch mit Vanillemark aufkochen und die Eigelbmasse schaumig einrühren. Die Vanillesauce etwas abkühlen lassen. Die Apfelringe mit Vanillesauce servieren.

Für 4 Portionen
5 Äpfel
2 El Zitronensaft
120 g Zucker
2 cl Calvados
200 g Mehl
250 ml Bier
1 Prise Salz
50 g Butter
2 Eier
100 g Butterschmalz
Zucker zum Bestreuen

Für die Vanillesauce
400 ml Vollmilch
3 El Zucker
3 Eigelb
Mark von 1/2 Vanilleschote

Zubereitungszeit:
ca. 20 Minuten
Pro Portion ca. 900 kcal/3768 kJ
15 g E, 48 g F, 91 g KH

QUARKPFANNKUCHEN
mit Kirschen und Mandeln

Für 4 Portionen
325 g Schattenmorellen
aus dem Glas
150 g Weizenmehl
4 Eier
100 ml Milch
2 El Zucker
200 g Speisequark
50 g gehobelte Mandeln

Außerdem
Butter zum Backen
Puderzucker zum Bestäuben

Die Kirschen in ein Sieb geben und abtropfen lassen. Das Mehl in eine Schüssel sieben. Eier und Milch mit Zucker verschlagen und nach und nach unter das Mehl rühren. Darauf achten, dass keine Klümpchen entstehen. Den Quark gut durchrühren, dann zur Mehl-Ei-Masse geben und gründlich unterarbeiten. Zum Schluss die abgetropften Kirschen unterheben. Den Teig 30 Minuten ruhen lassen.

Etwas von der Butter in einer Pfanne erhitzen. Ein paar gehobelte Mandeln in die Pfanne geben und 1–2 Minuten in der Butter dünsten. Den Pfannkuchenteig noch einmal durchrühren, dann etwas von dem Teig auf die Mandeln geben und verstreichen. Den Pfannkuchen von beiden Seiten goldgelb backen, warm stellen und aus dem restlichen Teig und den Mandeln weitere Pfannkuchen zubereiten.

Quarkpfannkuchen auf Tellern anrichten und mit Puderzucker bestäubt servieren.

Zubereitungszeit:
ca. 25 Minuten (plus Ruhezeit)
Pro Portion ca. 375 kcal/1570 kJ
23 g E, 15 g F, 35 g KH

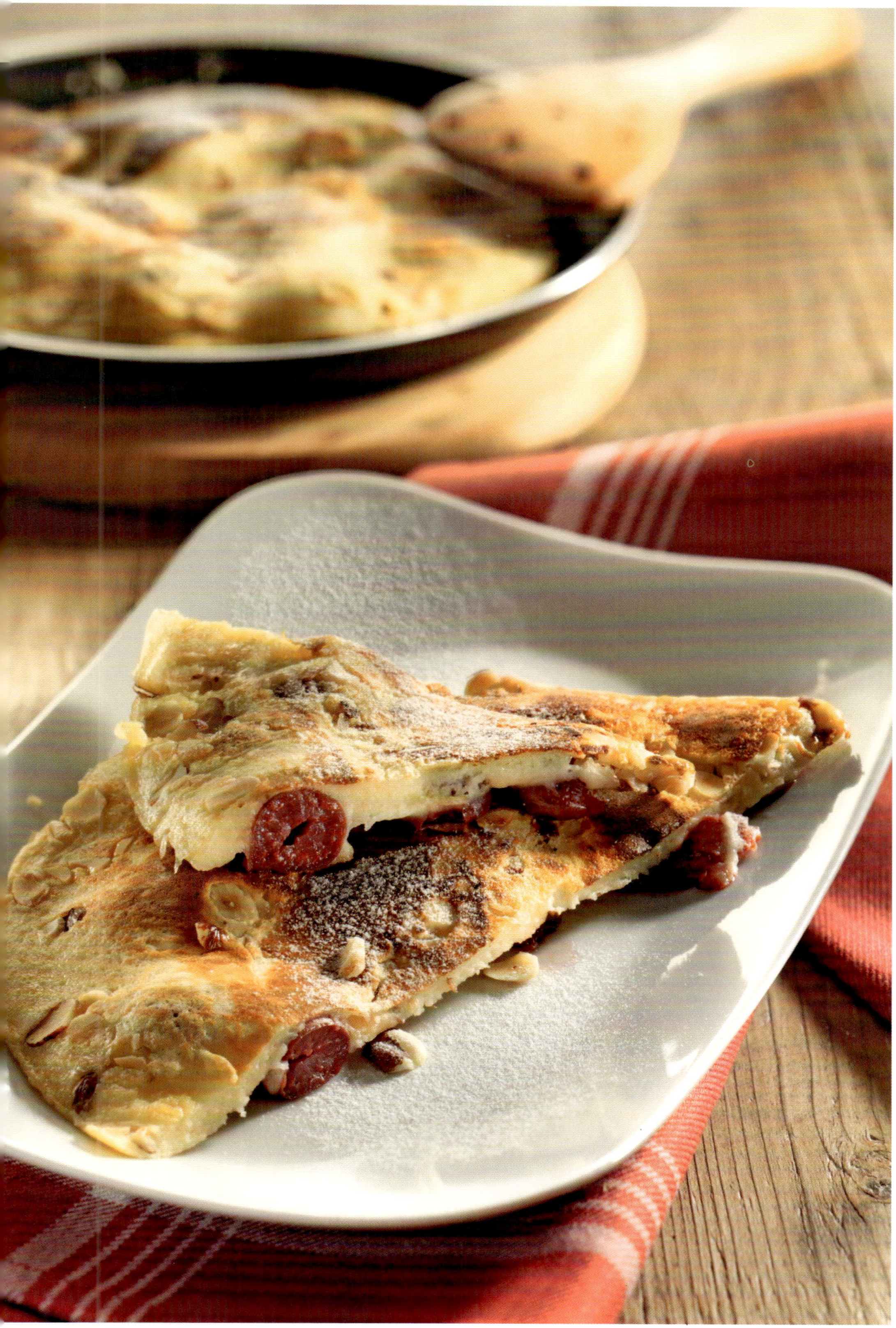

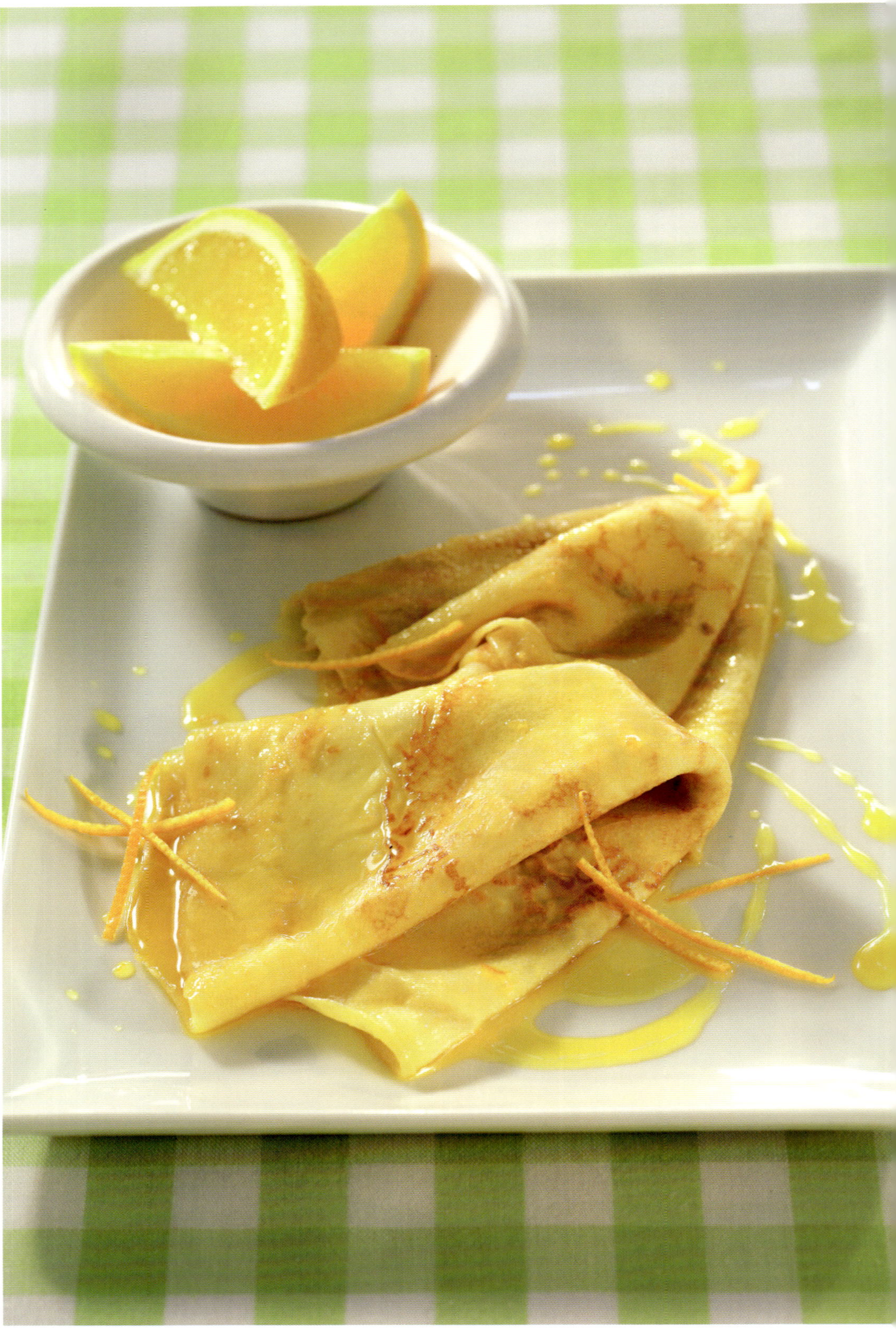

Desserts & Süßspeisen

Flambierte CRÊPES SUZETTE

Die Eier und das Eigelb mit der Milch, dem Mehl und dem Salz verrühren und etwa 2 Stunden ruhen lassen. Anschließend so viel Mineralwasser zugießen, dass ein flüssiger Teig entsteht.

2 El Butter in einer Pfanne schmelzen und nach und nach darin 8 dünne Crêpes backen. Die Crêpes auf Küchenpapier abtropfen lassen.

Die restliche Butter mit dem Zucker in einer Pfanne verrühren und den Zucker karamellisieren lassen. Die Orangen-, Zitronenschale sowie den -saft hinzufügen und mit dem Likör etwas einkochen.

Die Crêpes in der Sauce erhitzen und mehrmals darin wenden. Herausnehmen, zusammenrollen und wieder hineinlegen. Den Cognac darübergeben und anzünden. Nach dem Abbrennen sofort servieren.

Für 4 Portionen
2 Eier
1 Eigelb
125 ml Milch
100 g Weizenmehl
1 Prise Salz
Mineralwasser
60 g Butter
2 El Zucker
1 El Zitronensaft
1 Tl abgeriebene Schale und Saft von 1 unbehandelten Zitrone
1 Tl abgeriebene Schale und Saft von 1 unbehandelten Orange
40 ml Orangenlikör
4 cl Cognac

→ **UNSER TIPP**

Zu den Crêpes können Sie wahlweise eine Vanille- oder Schokoladensauce aus Zartbitterschokolade und Crème fraîche servieren. Bei der Light-Version geben Sie auf jeden Teller einen Klecks Vanillejoghurt.

Zubereitungszeit:
ca. 30 Minuten
Pro Portion ca. 171 kcal/716 kJ
4 g E, 9 g F, 12 g KH

Desserts & Süßspeisen

PLINSEN MIT HIMBEEREN
und Crème fraîche

Für 4 Portionen

Für die Himbeeren
450 g Himbeeren (TK)
100 ml Orangensaft
1 El Speisestärke
1/2 Tl gemahlener Zimt
abgeriebene Schale von
   1/2 unbehandelten Zitrone

Für die Plinsen
250 g Weizenmehl
21 g frische Hefe
3 El Zucker
375 ml lauwarme Milch
50 g weiche Butter
1 Prise Salz
2 Eier

Außerdem
Speiseöl zum Backen
4 El Crème fraîche

Die Himbeeren in ein Sieb geben und auftauen lassen, den Saft dabei auffangen. Das Mehl in eine Schüssel sieben. In die Mitte eine Vertiefung drücken. Die frische Hefe hineinbröckeln und 2 El Zucker dazugeben. 125 ml Milch zugießen und die Zutaten vermengen. Den Vorteig an einem warmen Ort 25 Minuten gehen lassen.

In der Zwischenzeit 2 El von dem Orangensaft mit der Speisestärke verrühren. Restlichen Orangensaft, aufgefangenen Himbeersaft, Zimt, Zitronenschale und restlichen Zucker in einen Topf geben und aufkochen lassen. Speisestärke einrühren und kurz köcheln lassen, dann die Himbeeren untermengen. Abkühlen lassen.

Die Butter, restliche Milch, Salz und Eier schaumig rühren und unter den gegangenen Vorteig arbeiten.

Etwas Öl in einer Pfanne erhitzen und aus dem Teig nacheinander 16 kleine Plinsen von jeder Seite goldgelb backen. Die fertigen Plinsen warm stellen.

Die Plinsen mit den Himbeeren und jeweils 1 Klecks Crème fraîche servieren.

Zubereitungszeit:
ca. 50 Minuten
(plus Zeit zum Auftauen)
Pro Portion ca. 395 kcal/1654 kJ
15 g E, 9 g F, 71 g KH

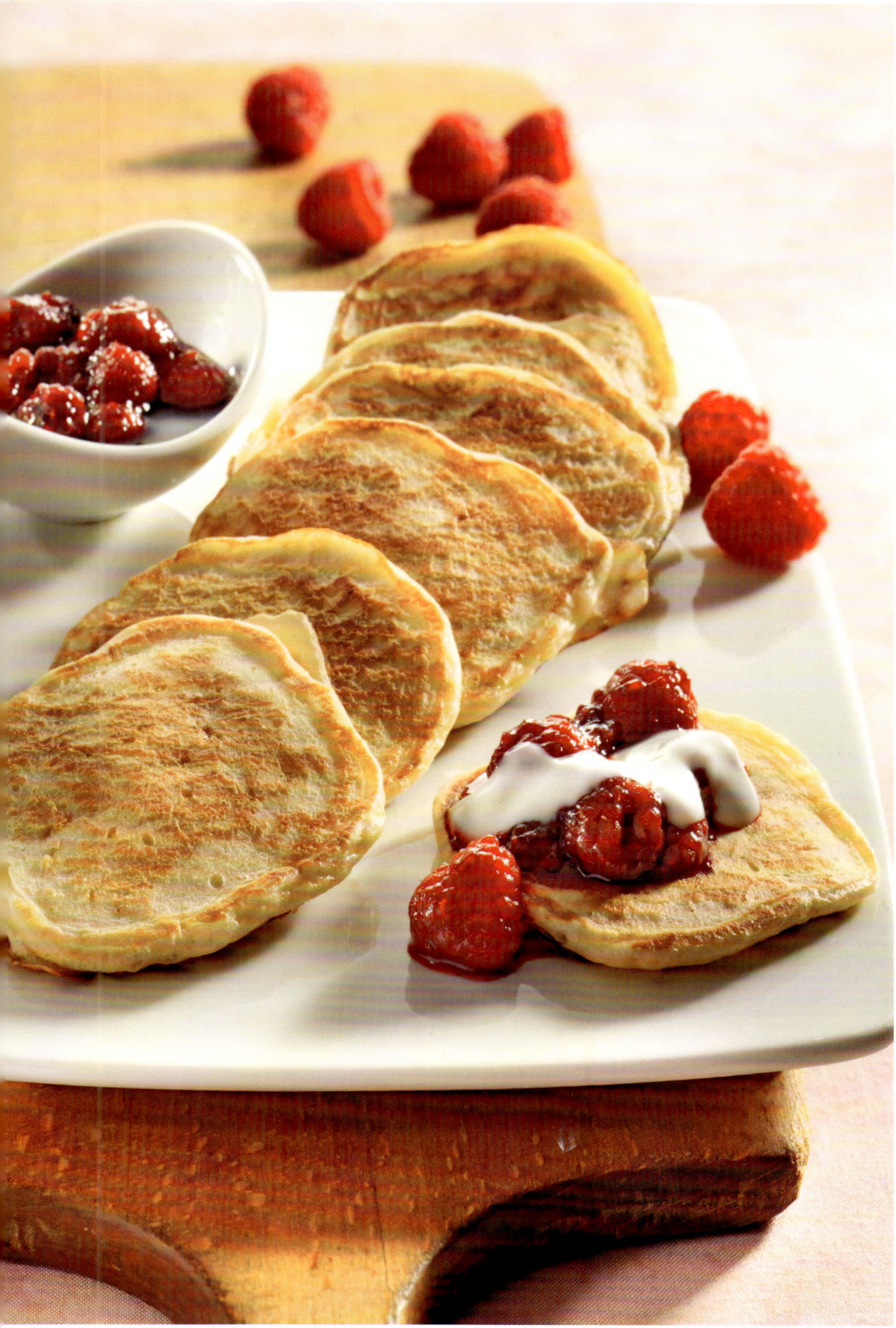

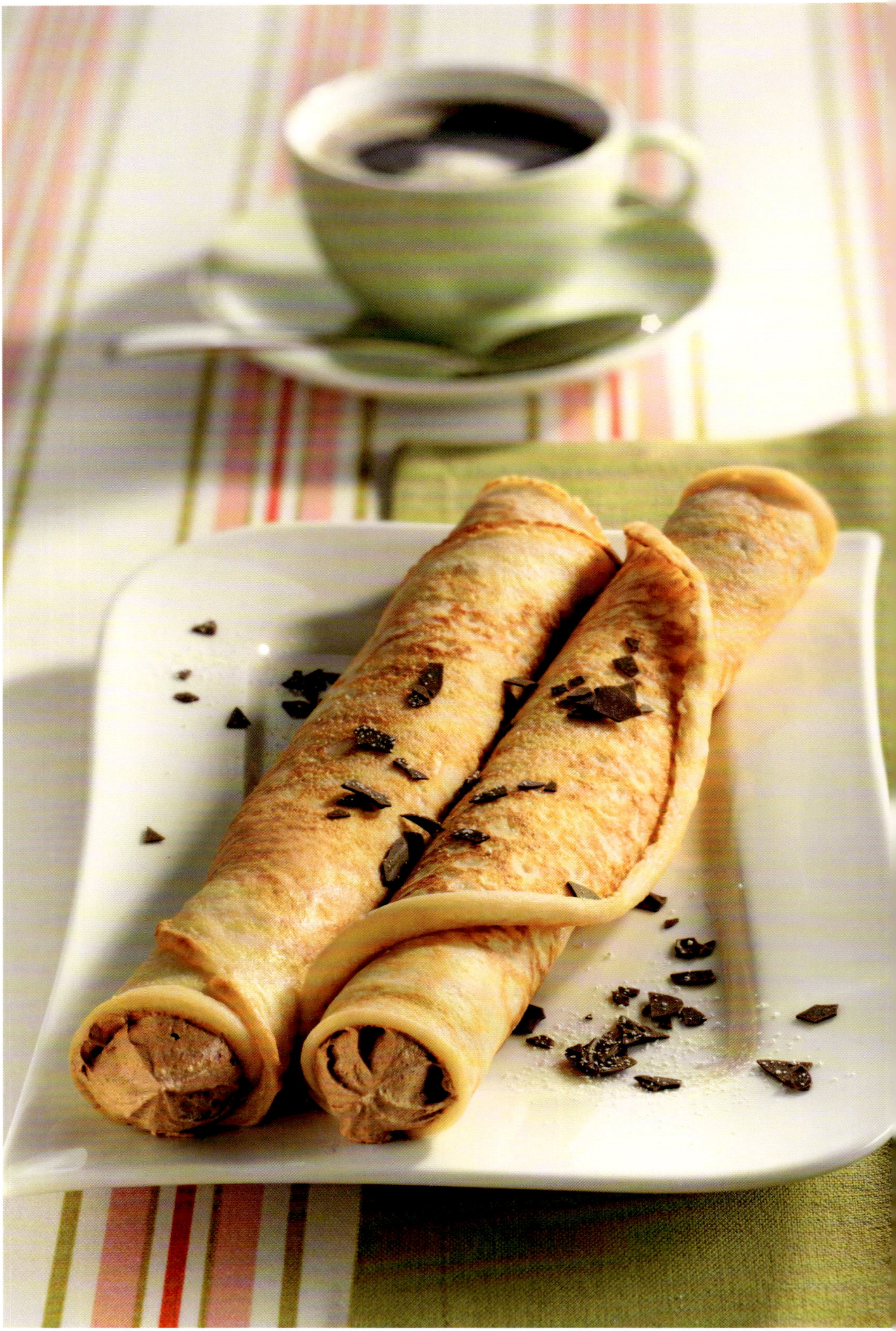

Desserts & Süßspeisen

PALATSCHINKEN
mit Mousse au Chocolat

Für die Mousse beide Kuvertüresorten grob zerkleinern und im heißen Wasserbad bei schwacher Hitze unter Rühren schmelzen. Etwas abkühlen lassen.

Die Eier trennen. Eigelb mit Zucker und Rum in einer Rührschüssel zu einer dicklichen Masse aufschlagen. Die noch warme Kuvertüre nach und nach unterrühren. Eiweiß und Sahne steif schlagen und portionsweise unterheben. Die Creme in eine Schüssel füllen und abgedeckt 2–3 Stunden kalt stellen.

Für die Palatschinken das Mehl in eine Rührschüssel sieben. Eier mit Milch, Mineralwasser, Zucker und Salz verschlagen und nach und nach unter das Mehl rühren. Darauf achten, dass keine Klümpchen entstehen. Den Teig 30 Minuten ruhen lassen.

Etwas Öl in einer Pfanne erhitzen. Den Teig noch einmal gut durchrühren, etwas Teig in die Pfanne geben und verstreichen. Palatschinken von beiden Seiten goldbraun backen und warm stellen. Aus dem restlichen Teig weitere Palatschinken zubereiten.

Die Palatschinken mit der Schokomousse bestreichen und aufrollen. Mit Schokoladenraspeln bestreut servieren.

Für 4 Portionen

Für die Mousse
100 g Zartbitterkuvertüre
50 g Vollmilchkuvertüre
3 Eier
50 g Zucker
1 El Rum
125 ml Sahne

Für die Palatschinken
180 g Weizenmehl
3 Eier
200 ml Milch
100 ml Mineralwasser
1 Tl Zucker
1 Prise Salz

Außerdem
Speiseöl zum Backen
Schokoladenraspel
  zum Bestreuen

Zubereitungszeit:
ca. 30 Minuten (plus Kühlzeit)
Pro Portion ca. 379 kcal/1587 kJ
11 g E, 22 g F, 43 g KH

Desserts & Süßspeisen

AMERICAN PANCAKES
mit Ahornsirup

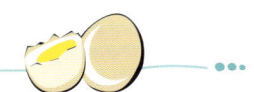

Für 4 Portionen
3 El Butter
350 g Weizenmehl
3 Tl Backpulver
1 El Zucker
1 Prise Salz
1 Ei
300 ml Milch
Butter zum Backen
Ahornsirup zum Beträufeln

Die Butter in einem kleinen Topf zerlassen. Mehl und Backpulver in eine Rührschüssel sieben. Zucker und Salz zugeben und die Zutaten mischen. Ei, zerlassene Butter und Milch zugeben und mit der Mehlmischung zu einem lockeren, glatten Teig verarbeiten.

Etwas Butter in einer kleinen Pfanne erhitzen, etwas Teig hineingeben und verstreichen. Den Pancake von beiden Seiten goldbraun backen und warm stellen. Aus dem restlichen Teig weitere Pancakes zubereiten.

Die Pancakes auf Tellern anrichten und mit Ahornsirup beträufeln.

Zubereitungszeit:
ca. 40 Minuten
Pro Portion ca. 412 kcal/1725 kJ
15 g E, 13 g F, 61 g KH

> **→ UNSER TIPP**
>
> Pancakes werden in den USA traditionell mit Ahornsirup serviert. Lecker schmeckt auch eine Orangen-Honig-Butter, die zu gleichen Teilen aus Orangenmarmelade, Honig und Butter zubereitet wird.

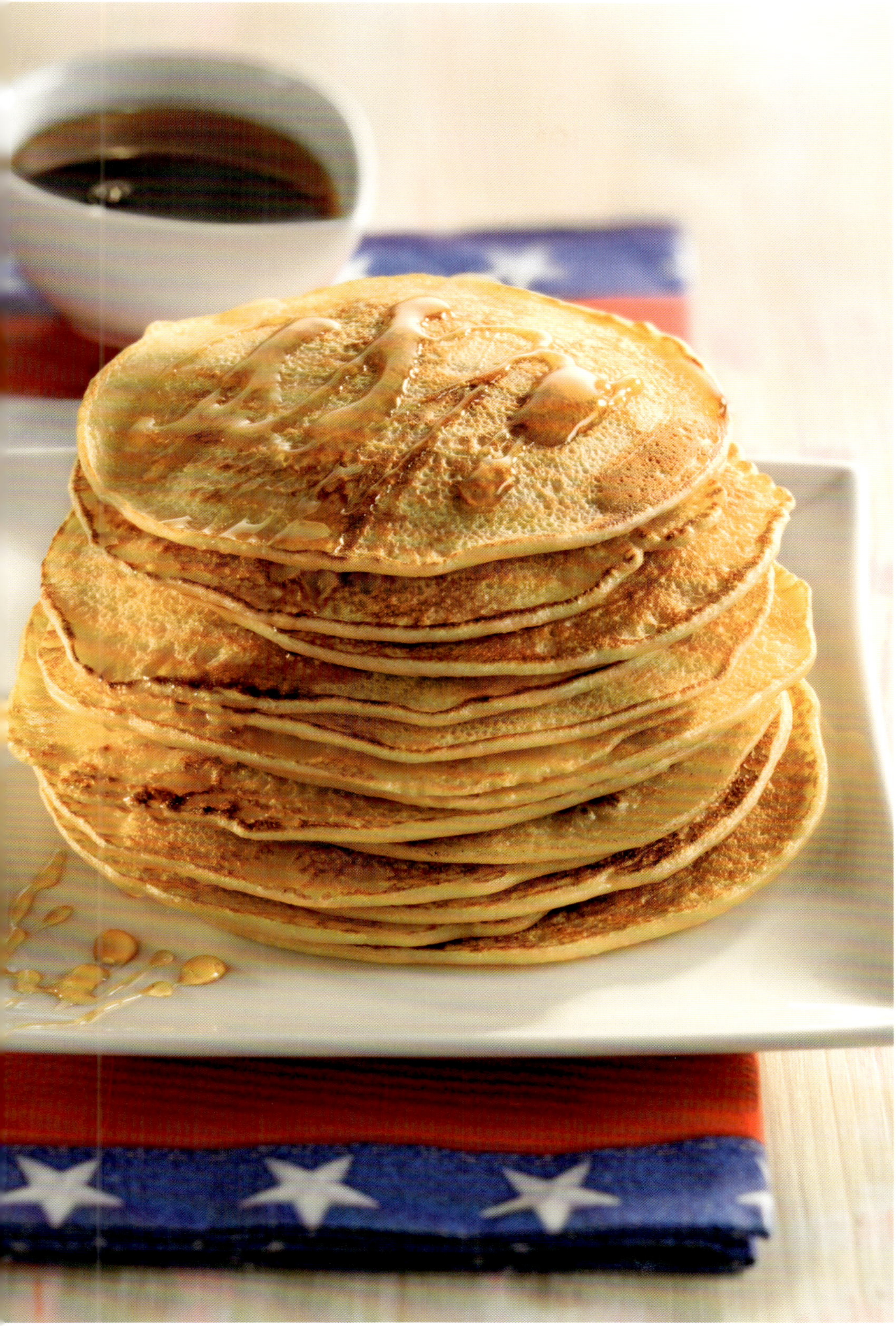

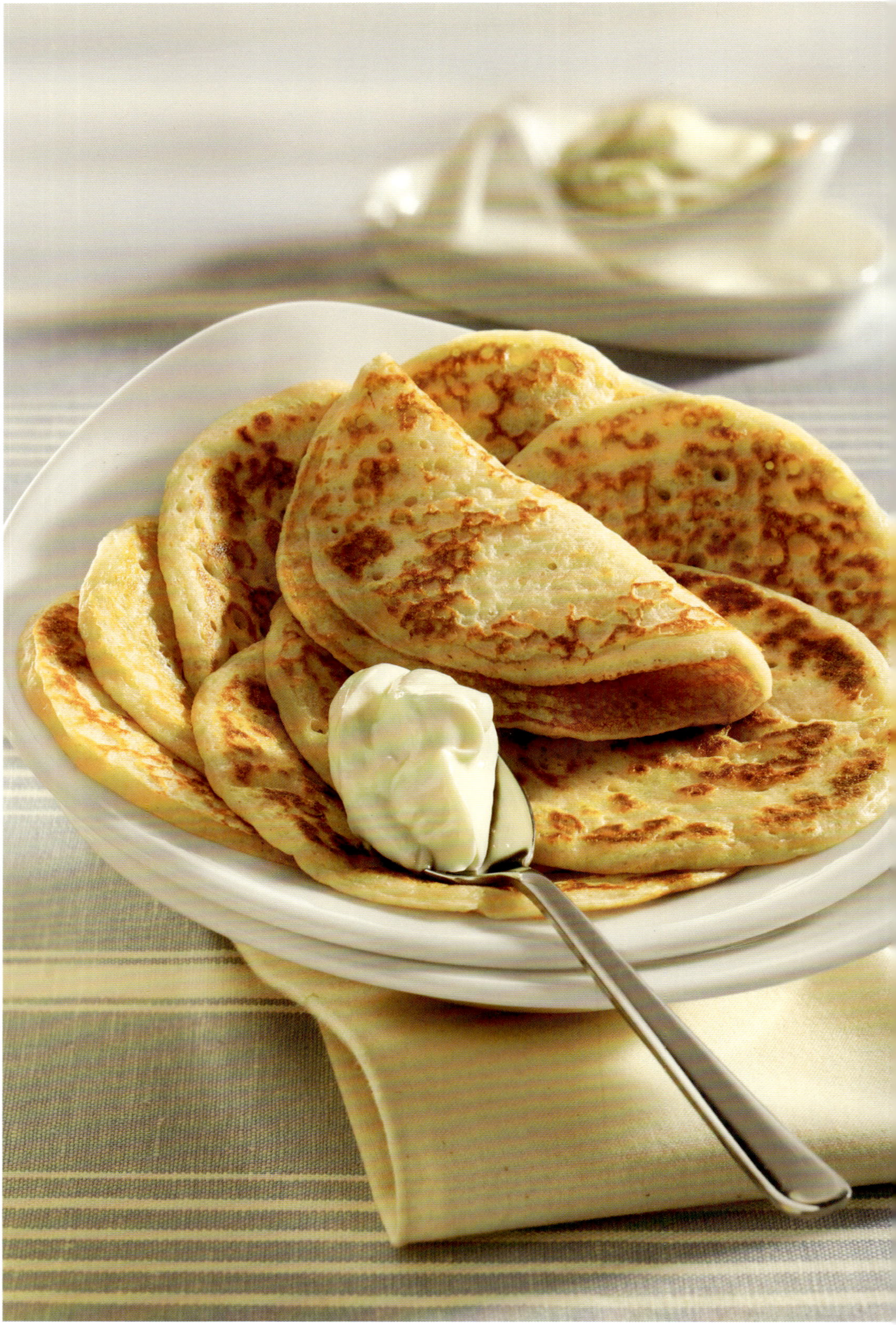

Desserts & Süßspeisen

RUSSISCHE BLINI
mit saurer Sahne

Die Hefe in eine Rührschüssel bröckeln. Etwas von der warmen Milch zugeben und die Hefe darin auflösen. Restliche Milch unterrühren. Nach und nach die Hälfte des Mehls und die Butter unterarbeiten. Den Teig 30 Minuten gehen lassen.

Die Eier trennen. Das Eigelb mit dem Zucker verrühren. Eiweiß und Sahne getrennt voneinander steif schlagen. Anschließend das Eiweiß unter die Sahne heben.

Den gegangenen Teig noch einmal umrühren. Dann nach und nach das restliche Mehl, Salz und die Eigelb-Zucker-Masse unterrühren. Zum Schluss die Sahne-Eischnee-Masse unterheben. Den Teig noch einmal 30 Minuten gehen lassen.

Etwas Butter in einer Pfanne erhitzen. Eine Kelle Teig in die Pfanne geben, glatt streichen und einen kleinen goldgelben Pfannkuchen backen. Dann bei 60 °C im Ofen warm stellen. So fortfahren, bis der Teig aufgebraucht ist. Die Blini mit saurer Sahne servieren.

Für 4 Portionen
21 g frische Hefe
500 ml lauwarme Milch
300 g Weizenmehl
1 1/2 El weiche Butter
2 Eier
1 El Zucker
100 ml Sahne
1 Prise Salz
125 g saure Sahne
Butter zum Backen

Zubereitungszeit:
ca. 30 Minuten
(plus Zeit zum Gehen)
Pro Portion ca. 431 kcal/1805 kJ
18 g E, 22 g F, 50 g KH

Desserts & Süßspeisen

ARME RITTER
mit frischen Beeren

Für 4 Portionen
500 g frische Heidelbeeren, Brombeeren und/oder Himbeeren
2 cl Kirschwasser
70 g Zucker
4 altbackene Brötchen
300 ml Milch
2 Eier
1 Prise Salz
6 El Paniermehl
3 El Butterschmalz
1/4 Tl Zimt

Die Beeren verlesen, putzen, waschen und abtropfen lassen. Dann in einer Schüssel mit dem Kirschwasser beträufeln und mit 2 El Zucker vermischen.

Die Brötchen in dünne Scheiben schneiden und auf einen flachen Teller legen. Die Milch mit den Eiern, 1 El Zucker und dem Salz verrühren und über die Brötchenscheiben geben. 10 Minuten ziehen lassen. Danach die Brötchen aus der Milch nehmen und abtropfen lassen. Dann im Paniermehl wenden.

Das Butterschmalz in einer Pfanne erhitzen und die armen Ritter darin von beiden Seiten goldbraun braten. Nach dem Backen mit Zimt und restlichem Zucker bestreuen und mit den marinierten Beeren servieren.

Zubereitungszeit:
ca. 30 Minuten
Pro Portion ca. 460 kcal/1926 kJ
14 g E, 14 g F, 64 g KH

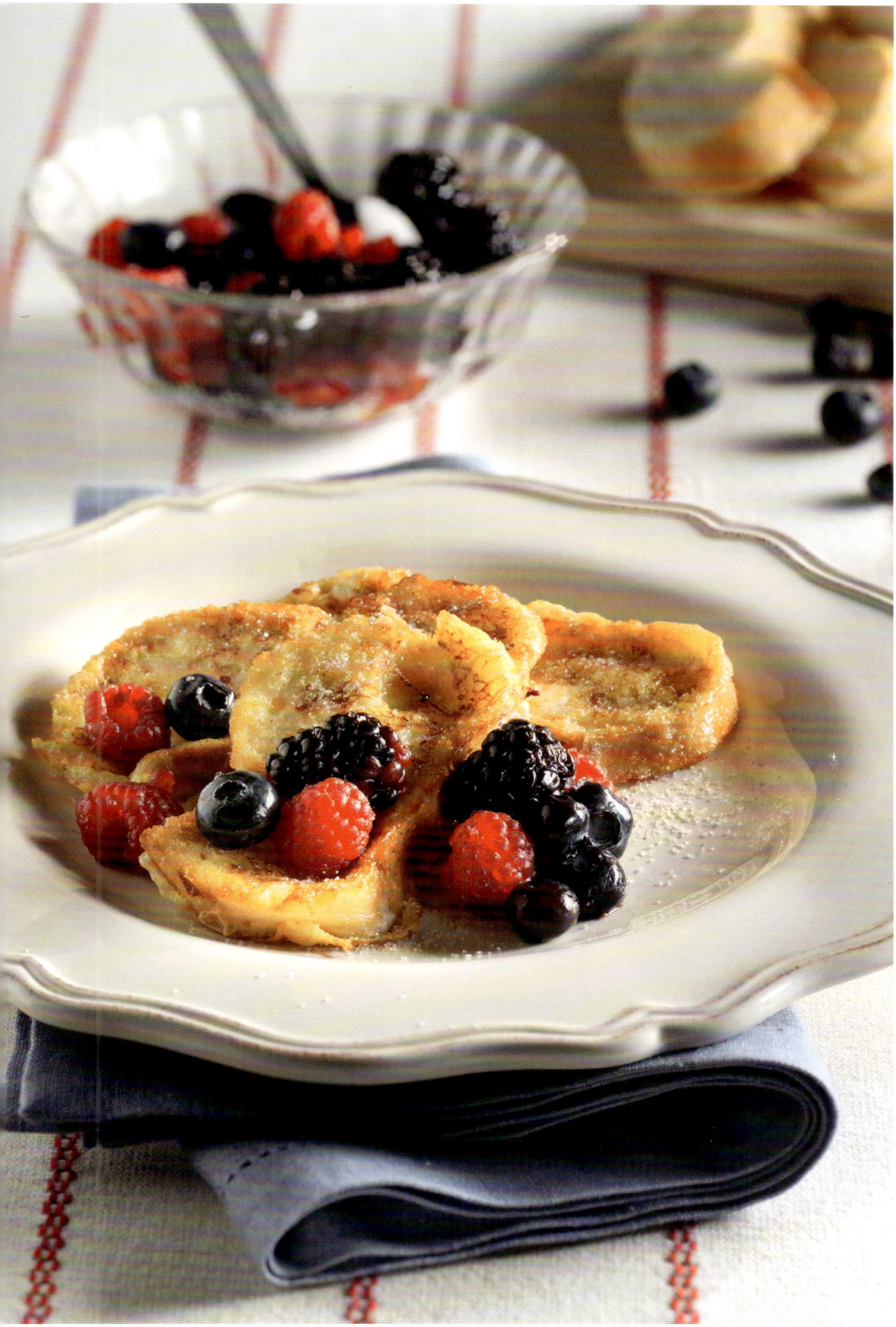

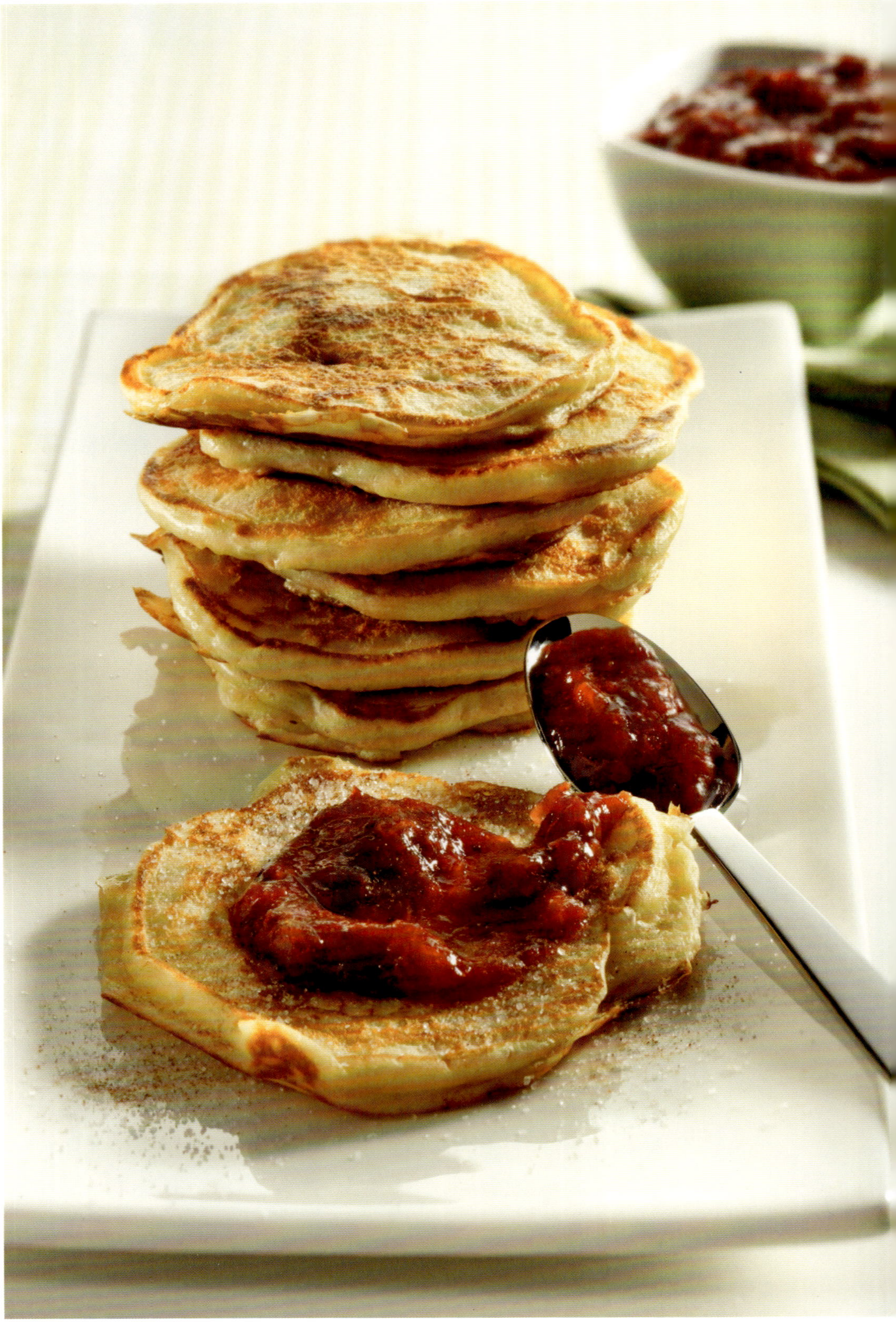

Desserts & Süßspeisen

LIWANZEN
mit Zimt-Zwetschgenmus

Die Zwetschgen waschen, halbieren und entsteinen. Mit dem Kandis mischen und in einem Topf zugedeckt 3 Stunden ziehen lassen. Aufkochen und bei schwacher Hitze 30 Minuten köcheln lassen. Dabei immer wieder umrühren. Abkühlen lassen und durch ein Sieb streichen.

Den Backofen auf 160 °C vorheizen. Das Zwetschgenpüree mit Zimtstange und Nelke in eine große, ofenfeste Form füllen und auf der mittleren Einschubleiste in etwa 2 Stunden dicklich einkochen lassen. Dabei immer wieder umrühren. Zimtstange und Nelke entfernen.

Für die Liwanzen die Hefe in der lauwarmen Milch auflösen. 1 El Zucker unterrühren und 15 Minuten an einem warmen Ort gehen lassen. Das Butterschmalz zerlassen und etwas abkühlen lassen. Die Eier trennen. Mehl und Salz in eine Rührschüssel geben. Hefemilch, restlichen Zucker, Eigelb und zerlassenes Butterschmalz nach und nach unterrühren. Eiweiß steif schlagen und vorsichtig unterheben. Den Teig abgedeckt weitere 30 Minuten gehen lassen.

Butterschmalz in einer Liwanzen- oder Pförtchenpfanne erhitzen und jeweils 1–2 El Teig in jede Vertiefung geben. Die Liwanzen auf beiden Seiten goldbraun backen, mit Zwetschgenmus bestreichen und mit Zimtzucker bestäuben.

Für 4 Portionen

Für das Zwetschgenmus
600 g Zwetschgen
 (oder Pflaumen)
125 g Krümelkandis
1 Zimtstange
1 Nelke

Für die Liwanzen
1 P. Trockenhefe
250 ml lauwarme Milch
50 g Zucker
50 g Butterschmalz
2 Eier
250 g Weizenmehl
1 Prise Salz

Außerdem
Butterschmalz zum Backen
Zimtzucker zum Bestreuen

Zubereitungszeit:
ca. 35 Minuten (plus Garzeit und Zeit zum Ziehen)
Pro Portion ca. 590 kcal/2470 kJ
15 g E, 17 g F, 101 g KH

REZEPTVERZEICHNIS

American Pancakes mit Ahornsirup 152
Apfelpfannkuchen mit Likörsahne 136
Apfelringe mit Vanillesauce 142
Arme Ritter mit frischen Beeren 156
Asia-Gemüsepfanne mit Rindfleisch
    und Reis 84

Blini, russische, mit saurer Sahne 154
Blumenkohlschnitzel, gebackenes 38
Bratkartoffeln mit Speck 20
Bulgur-Linsen-Frikadellen mit Feta 42

Couscouspfanne, vegetarische 34
Crêpes Suzette, flambierte 146

Ente, gebratene, mit Ananas 98

Fischfrikadellen, würzige 110
Forelle in Weißwein 118
Frikadellen, saftige 54

Gemüse-Lyoner-Pfanne, bunte 78
Gemüsepfanne mit Melone und Tofu 30
Gemüsetortilla, bunte 36

Hackfleischbällchen mit Ei in Tomatensauce 82
Hackfleischpfanne mit Hirse,
    Tomaten und Oliven 68
Hähnchen auf toskanische Art 86
Hähnchencurry mit Basmatireis 96
Hähnchenpfanne mit Äpfeln 92

Kaiserschmarrn, herzhafter 24
Kaiserschmarrn mit Zwetschgenkompott 140
Kalbfleisch, gedünstetes,
    mit Mais und Peperoni 80
Kapunata auf maltesische Art 40
Karpfen, gebackener 128
Kartoffel-Erbsen-Pfanne mit Putenbrust 88
Kartoffel-Fisch-Pfanne mit Weißwein 116
Knusperkoteletts
    mit Tomaten-Avocado-Salat 64
Kürbispfanne mit Feta 14
Kürbis-Puten-Pfanne mit roter
    und gelber Paprika 100
Kürbis-Spinat-Omelett mit Krabben 44

Lachs, glasierter, mit Gewürzmöhren 126
Lammkoteletts mit Linsen-Avocado-Salat 70
Leberkäse mit Spiegelei und Bratkartoffeln 66

Liwanzen mit Zimt-Zwetschgenmus 158

Maischolle mit Krabben 114
Minutensteaks im Bärlauchmantel 72

Nudelpfanne, chinesische 94

Omelett mit Hackfleischfüllung 60

Paella mit Meeresfrüchten 124
Palatschinken mit Mousse au Chocolat 150
Paprikapfanne mit Ei 32
Paprikapfanne mit Ingwer
    und Zuckerschoten 16
Pfannkuchen, pikante 50
Pilzomeletts mit Sesam 22
Plinsen mit Himbeeren und Crème fraîche 148
Polenta-Rauten mit Pfifferlingen 18

Quarkpfannkuchen mit Kirschen
    und Mandeln 144

Ratatouille mit Kartoffeln 26
Reibekuchen mit Apfelmus 10
Reis, gebratener, mit Meeresfrüchten 108
Reis-Gemüse-Pfanne mit Hühnerbrust 90
Renke, gebratene, auf Kohlrabipüree 132
Rührei mit Speck und Zwiebeln 8

Scampi-Fischpfanne mit Gemüse 120
Schinkennudeln mit Emmentaler 58
Schupfnudeln auf Rhabarber 48
Schweinefiletpfanne mit Kartoffeln
    und Venusmuscheln 76
Seelachsfilet, paniertes, mit Kartoffelsalat 106
Seezungenfilets mit Pilzen 122
Spaghetti alla vongole ganz klassisch 112
Spargel, gebratener, in Ingwersauce 28
Spargelpfanne mit Garnelen 130
Spargel-Pilz-Ragout mit Kartoffelrösti 46
Stockfisch mit Pellkartoffeln 104

Tortillapfanne mit Chorizo 74

Vanillecrêpes mit Calvadosäpfeln 138

Waldpilzpfanne mit Weißwein 12
Wiener Schnitzel, klassisches 56

Züricher Kalbsgeschnetzeltes mit Rösti 62